Arquivos e acervos
históricos como forma
de acessar o passado

O selo DIALÓGICA da Editora InterSaberes faz referência às publicações que privilegiam uma linguagem na qual o autor dialoga com o leitor por meio de recursos textuais e visuais, o que torna o conteúdo muito mais dinâmico. São livros que criam um ambiente de interação com o leitor – seu universo cultural, social e de elaboração de conhecimentos –, possibilitando um real processo de interlocução para que a comunicação se efetive.

Arquivos e acervos históricos como forma de acessar o passado

Adriane Piovezan

Editora intersaberes

EDITORA intersaberes

Rua Clara Vendramin, 58 . Mossunguê . CEP 81200-170 . Curitiba . PR . Brasil
Fone: (41) 2106-4170 . www.intersaberes.com . editora@editoraintersaberes.com.br

Conselho editorial
Dr. Ivo José Both (presidente)
Drª Elena Godoy
Dr. Neri dos Santos
Dr. Ulf Gregor Baranow
Editora-chefe
Lindsay Azambuja
Gerente editorial
Ariadne Nunes Wenger
Preparação de originais
Gilberto Girardello Filho
Edição de texto
Monique Francis Fagundes Gonçalves
Palavra do Editor

Capa
Débora Gipiela (*design*)
LiliGraphie e Andrey_Kuzmin/
Shutterstock (imagens)
Projeto gráfico
Bruno de Oliveira
Diagramação
Débora Gipiela
Equipe de design
Débora Gipiela
Iconografia
Sandra Lopis da Silveira
Regina Claudia Cruz Prestes

Dados Internacionais de Catalogação na Publicação (CIP)
(Câmara Brasileira do Livro, SP, Brasil)

Piovezan, Adriane
 Arquivos e acervos históricos como forma de acessar o passado/ Adriane Piovezan. Curitiba: InterSaberes, 2020.

 Bibliografia.
 ISBN 978-65-5517-701-5

 1. Arquivos 2. Arquivos – Organização 3. Arquivos – Pesquisa I. Título.

20-39594   CDD-025.3414

Índices para catálogo sistemático:
1. Arquivos: Documentos: Classificação e ordenação:
   Ciências da informação 025.3414

Maria Alice Ferreira – Bibliotecária – CRB-8/7964

1ª edição, 2020.
Foi feito o depósito legal.
Informamos que é de inteira responsabilidade da autora a emissão de conceitos.
Nenhuma parte desta publicação poderá ser reproduzida por qualquer meio ou forma sem a prévia autorização da Editora InterSaberes.
A violação dos direitos autorais é crime estabelecido na Lei n. 9.610/1998 e punido pelo art. 184 do Código Penal.

Sumário

9 *Apresentação*
11 *Como aproveitar ao máximo este livro*

Capítulo 1
15 **O documento**

(1.1)
17 Classificação dos documentos

(1.2)
41 Sigilosos ou públicos: a natureza dos documentos

Capítulo 2
71 **O arquivo e a arquivologia**

(2.1)
73 Para que serve um arquivo

(2.2)
82 Tipologia

Capítulo 3
105 **A informação ontem e hoje**

(3.1)
107 Sistemas de informação

(3.2)
113 O acesso à informação: um processo

(3.3)
118 Ferramentas para a pesquisa em acervos

Capítulo 4
127 **Acervos históricos**

(4.1)
129 Arquivos no mundo

(4.2)
140 Arquivos no Brasil

Capítulo 5
157 **O patrimônio documental**

(5.1)
159 O que é patrimônio?

(5.2)
171 A política de preservação de acervos

Capítulo 6
195 **Arquivo e historiador**

(6.1)
197 História e memória

(6.2)
208 Acervos pessoais: uma possibilidade do fazer histórico

(6.3)
223 Arquivos pessoais: os impasses da memória

233 *Considerações finais*

235 *Lista de siglas*

241 *Referências*

261 *Bibliografia comentada*

263 *Respostas*

265 *Sobre a autora*

Apresentação

Todo trabalho de pesquisa precisa de documentos, os quais devem estar bem organizados e ser de fácil acesso. No arquivo, o pesquisador encontra dados para promover um trabalho confiável de investigação. A gestão dessas informações, tão valiosas para o pesquisador, cabe ao profissional do arquivo. Como instituição, o arquivo colabora com a preservação da memória que está presente em diversos suportes.

Com lógica e sentidos próprios, os arquivos são essenciais em qualquer sociedade. Independentemente da finalidade – proteger a história, guardar acervos ou, até mesmo, providenciar a exclusão de documentos –, a atividade e a organização de um arquivo seguem critérios específicos que devem ser apreendidos pelos pesquisadores.

Mas o que um arquivo guarda? Os registros, qualquer que seja o suporte em que estão firmados, são os elementos-chave de uma instituição. Nesse sentido, nossa intenção com a escrita desta obra é demonstrar a relação entre pesquisa e arquivo, de modo a contribuir com estudantes e demais interessados para a compreensão da constituição desses dois elementos. Assim, nosso objetivo ao longo das próximas páginas será indicar alguns possíveis caminhos para o contato com esses ambientes.

As temáticas referentes aos arquivos e à história estão distribuídas em cinco capítulos, contemplando diversas possibilidades de trabalho. No Capítulo 1, trataremos do documento, sua origem e sua transformação ao longo do tempo.

No Capítulo 2, discutiremos o conceito de arquivo como instituição de guarda dos documentos, abordando a organização dos arquivos e a ciência da arquivologia. No Capítulo 3, compararemos o arquivo do passado com os usos e as configurações dos arquivos contemporâneos. No Capítulo 4, discorreremos sobre as diversas possibilidades garantidas pelos acervos históricos. Na sequência, no Capítulo 5, enfocaremos o patrimônio documental e, por fim, no Capítulo 6, apresentaremos algumas relações entre o arquivo e a profissão de historiador.

Boa leitura!

Como aproveitar ao máximo este livro

Empregamos nesta obra recursos que visam enriquecer seu aprendizado, facilitar a compreensão dos conteúdos e tornar a leitura mais dinâmica. Conheça a seguir cada uma dessas ferramentas e saiba como estão distribuídas no decorrer deste livro para bem aproveitá-las.

Introdução do capítulo

Logo na abertura do capítulo, informamos os temas de estudo e os objetivos de aprendizagem que serão nele abrangidos, fazendo considerações preliminares sobre as temáticas em foco.

Síntese

Ao final de cada capítulo, relacionamos as principais informações nele abordadas a fim de que você avalie as conclusões a que chegou, confirmando-as ou redefinindo-as.

Indicações culturais

Para ampliar seu repertório, indicamos conteúdos de diferentes naturezas que ensejam a reflexão sobre os assuntos estudados e contribuem para seu processo de aprendizagem.

Atividades de autoavaliação

Apresentamos estas questões objetivas para que você verifique o grau de assimilação dos conceitos examinados, motivando-se a progredir em seus estudos.

Atividades de aprendizagem

Aqui apresentamos questões que aproximam conhecimentos teóricos e práticos a fim de que você analise criticamente determinado assunto.

Bibliografia comentada

Nesta seção, comentamos algumas obras de referência para o estudo dos temas examinados ao longo do livro.

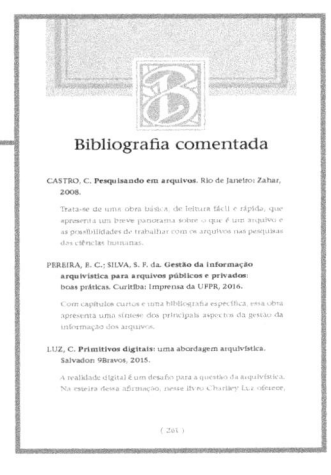

Capítulo 1
O documento

*Mas o arquivo não é apenas um lugar físico,
espacial, é também um lugar social.*
(Ricoeur, 2010, p. 177)

Quando pensamos no termo *documento* ou quando nos solicitam um documento, automaticamente o associamos a um pedaço de papel produzido por uma instituição do Estado e que serve de confirmação de algum dado. É assim com o Registro Geral (RG), o Cadastro de Pessoa Física (CPF) ou o Título de Eleitor, por exemplo.

Garantia de comprovação oficial, os documentos são essenciais na vida contemporânea, ainda que nem todos sejam permanentemente necessários em nossas trajetórias. Nem sempre eles são suficientes para registrar todos os acontecimentos marcantes de nossa existência. Por isso, a escolha sobre o que é importante ser guardado e o que pode ficar esquecido ou escondido é definida por determinadas situações. Nesse sentido, a ausência de certos documentos, segundo Castro (2008), é igualmente relevante, já que aponta para diferentes critérios de catalogação, bem como para a ação humana e suas escolhas.

Mas por que as sociedades precisam de documentos? Essa será a temática abordada neste capítulo.

(1.1)
Classificação dos documentos

Para entendermos a exigência de documentos nos grupos sociais, temos de compreender os sentidos do aparecimento da escrita, há 6 mil anos. Tudo o que era impossível de ser lembrado, isto é, o que poderia ser esquecido, requeria um registro.

As pinturas rupestres, datadas de 40 mil anos a.C., foram esses primeiros registros humanos, fazendo referência ao cotidiano e aos costumes dos primeiros homens e evidenciando sua relação com a narrativa de suas histórias. Com o desenvolvimento de sociedades mais complexas, os desenhos cederam espaço a novos códigos de transmissão de mensagens e informações, possibilitados pela escrita.

São vários os exemplos de registros gráficos no mundo inteiro. Isso porque toda cultura tem um padrão instrumental com a função de contar sua história. Sob essa ótica, as diversas manifestações de arte rupestre, como no caso da caverna de Blombos, em Cape Town, na África do Sul, recentemente descoberta e que conta com mais de 73 mil anos, tornaram-se os primeiros documentos produzidos pelas sociedades que utilizaram um suporte para registrar momentos considerados relevantes.

A arte rupestre é um registro essencial para a compreensão da humanidade. Assuntos diversos, como caça, rituais, procriação e elementos naturais, são descritos nessas marcas deixadas por diversas civilizações do passado. O aperfeiçoamento e o desenvolvimento dessas estruturas sociais resultaram em outras formas de fazer esse registro. Assim, os ideogramas, que surgiram após a disseminação da arte rupestre, constituíram-se em sinais que permitiram um maior detalhamento das escolhas do que precisava ser gravado. Hieróglifos egípcios, ideogramas chineses, escrita cuneiforme, alfabetos fenício, grego e latino... Todos esses códigos permitiam o registro não apenas do que era visível, mas de toda uma parcela do imaginário social e de conceitos abstratos que, em seu sentido mais profundo, não podiam ser representados por desenhos.

Na década de 1970, arqueólogos desvendaram que tais padrões de escrita em argila encontrados na região de Uruk[1], na Mesopotâmia, seriam uma forma de simplificação para o comércio. No contexto em questão, mais do que reflexões religiosas ou acordos políticos,

---

1   No Museu Virtual de Informática da Universidade do Minho, essas e outras informações estão disponíveis. Visite a página no seguinte endereço eletrônico: *MUSEU VIRTUAL DE INFORMÁTICA.* **Séculos A.C.** *Disponível em: <http://piano.dsi.uminho.pt/museuv/ac_turuk.html>. Acesso em: 10 jun. 2020.*

a documentação financeira foi privilegiada e disseminada (Museu Virtual de Informática, 2020).

Logo, toda essa escrita assumiu uma padronização, importante para a compreensão de uma parcela da população letrada e que poderia ser compreendida pelas gerações futuras. Mais do que isso, a escrita documentada representava o poder. Entre os artefatos de argila produzidos pelos fenícios na Mesopotâmia existem registros de atividades comerciais desses povos, essenciais para o desenvolvimento econômico e para a posterior manutenção do poder. Quem dominava esse padrão de escrita (as convenções dos símbolos gráficos) seria capaz de organizar a memória e o conhecimento de diversos aspectos que compunham a sociedade. Portanto, era mais provável conseguir dominar um território por meio desse tipo de habilidade e acervo.

Nesse ponto, quando falamos em documento, chegamos a outro importante elemento de destaque: os suportes – tais como cavernas, pedras de argila, papel, entre outros. Esses são alguns dos suportes utilizados pelas civilizações antigas. Você consegue imaginar o que estaria presente nessa lista se considerássemos as possibilidades atuais?

Sob essa perspectiva, neste capítulo, discutiremos a respeito do documento, elemento essencial na formação de um arquivo. Inicialmente, vamos tratar do conceito de documento e de sua classificação.

Como artefatos, os documentos se transformam por questões tecnológicas. Se, como já mencionamos, os primeiros documentos eram produzidos em argila, atualmente se utiliza principalmente o meio digital como suporte informacional.

O valor que uma sociedade atribui a determinado documento também resguarda sua historicidade. Nesse sentido, ao citarmos os primeiros documentos de argila, mencionamos que seu conteúdo era formado por temas muito práticos para tal contexto, como o número de ovelhas ou porcos vendidos. Naquele momento histórico, 4500 a.c., tais dados eram relevantes para a sociedade. Porém, nos tempos atuais, ao comprarmos alimentos básicos, como pão e leite, dificilmente consideraremos o recibo dessa transação financeira como um documento que mereça ser preservado.

Em sua origem, o documento surgiu como um elemento de poder. No conceito de Max Weber (citado por Campos, 1966), a burocracia era formada por funcionários que teriam uma atuação específica e, por isso, uma autoridade legal. Dessa forma, os documentos seriam ferramentas da administração que reafirmariam o poder desta.

Além da argila, outros suportes foram usados como formas de registro, como ossos, folhas, conchas, cascos de tartaruga. Cada civilização utilizou um material diferente para essa finalidade.

O pergaminho e o papiro, exemplos de suportes mais próximos do papel, surgiram por volta de 1000 a.C. O papel teve origem no Oriente, mais especificamente na China, no ano 123 a.c., ainda que outros historiadores remontem sua origem a uma data anterior. Durante séculos, esse material foi o suporte de documento mais popular como valor de prova. Em tal contexto, no século XIX surgiu a fotografia, um documento que se consolidou no século XX.

Nesse mesmo século, o cinema se apresentou como documento privilegiado de momentos marcantes do período. São filmes os documentos que provam os crimes nazistas nas imagens captadas durante a Segunda Guerra Mundial. Imagens são evidências, constatações mais completas do que um registro escrito. Assim, a máxima popular de que "uma imagem vale mais que mil palavras" fez com que o cinema fosse um dos suportes mais privilegiados do século XX.

E no século XXI? Embora não possamos afirmar nada categoricamente, reconhecemos que o universo digital é o que mais se destaca como suporte de documentos neste início de século. Sua popularização é um dos elementos essenciais para que os pesquisadores estejam cientes de novas formas de classificar o que é gerado nesse ambiente. O que fica nítido, já neste momento, é a brutal ampliação do material gerado, pois os suportes de memória são incrementados minuto a minuto em uma proporção jamais presenciada pela humanidade.

Por exemplo, em uma brincadeira compartilhada em redes sociais como Facebook e Instagram, afirma-se que a missão que levou os astronautas à Lua em 1968 (portanto, uma missão exponencial e de grande relevância para a humanidade) possibilitou que fossem tiradas 30 fotos; em contrapartida, em 2019, uma adolescente e sua amiga foram ao banheiro de um *shopping center* e tiraram cem fotografias em dez minutos (um evento banal, por assim dizer).

Essa brincadeira procura mostrar o descompasso existente entre as diferentes épocas. Contudo, obviamente, trata-se de um exagero, muito comum nas redes sociais. Recentemente, a National Aeronautics and Space Administration (Nasa) liberou mil imagens dessa missão (claramente, não foram apenas 30 fotografias). Mesmo assim, é plausível a afirmação sobre as jovens e seus registros exagerados para um evento banal, em virtude da ampla possibilidade de registros documentais conferida pelos meios digitais.

E o que faz com que classifiquemos as fotos da missão dos astronautas como documentos? Em época de *fake news* e revisionismos históricos, tudo é colocado em suspeita, até mesmo a ida do homem à Lua. Para justificarmos essa questão, precisamos recorrer a Jacques Le Goff (1990), que percebe um conflito em relação ao que é caracterizado como documento: uma disputa de poder determinada pelos fatores históricos de sua produção, bem como por sua intencionalidade e sua interpretação. Nesse sentido, para Le Goff (1990, p. 91),

As estruturas do poder de uma sociedade compreendem o poder das categorias sociais e dos grupos dominantes ao deixarem, voluntariamente ou não, testemunhos suscetíveis de orientar a história num ou noutro sentido; o poder sobre a memória futura, o poder de perpetuação deve ser reconhecido e desmontado pelo historiador. Nenhum documento é inocente. Deve ser analisado. Todo documento é um monumento que deve ser desestruturado, desmontado. O historiador não deve ser apenas capaz de discernir o que é "falso", avaliar a credibilidade do documento, mas também saber desmistificá-lo.

O Iluminismo procurou racionalizar todos os elementos que levariam ao conhecimento humano. No ramo da história, não foi diferente. Entre os séculos XVII e XIX, a chamada *história metódica* buscou, com base em novos critérios, exercer na pesquisa histórica essa cientificidade almejada em outros ramos do saber. E o documento teve papel privilegiado nesse contexto.

Nesse momento, métodos críticos de validação dos documentos se tornaram fundamentais. Seria necessário analisar criticamente (interna e externamente) todo e qualquer vestígio do passado para que, então, algo pudesse ser categorizado como documento. Essa crítica tinha uma identidade ligada a certas escolas históricas e suas noções particulares de documento. Segundo Le Goff (1990), as críticas interna (ou de autenticidade) e externa (ou de credibilidade) seriam as duas possibilidades dessa ação.

A reflexão do historiador francês Jacques Le Goff vai além, ao esmiuçar a questão da **crítica externa** no sentido de questionar a veracidade ou não de determinado documento. Nesse ponto, independentemente da resposta, é essencial ao pesquisador perceber a historicidade desse documento. Se é falso, como foi utilizado? Se é verdadeiro, em que momentos foi relevante? Como um mesmo documento pode ser interpretado de diferentes formas, considerando-se as intenções específicas de cada grupo ou contexto que detém o poder?

Já com relação a uma **crítica interna**, o pesquisador sempre deve problematizar o local determinante de quem produziu o documento levando em conta suas intenções, além de ter noção de que o mesmo documento pode ser comparado com outros registros realizados no mesmo momento ou no mesmo evento. Ou seja, para Le Goff (1990), o documento deve ser sempre problematizado – toda a questão do poder envolvido em cada produção de um registro deve ser observada.

E quanto aos documentos produzidos aleatoriamente? Mesmo sem a intenção de serem documentos, tais elementos são heranças voluntárias ou involuntárias do passado.

Em suma, para a ciência da informação, o documento é um dado independente de seu suporte e contém uma informação. Esse dado pode ser isolado ou um conjunto de dados.

No tratamento dos documentos, a arquivística promove a organização dos registros de forma a racionalizar sua preservação e seu acesso. Nesse sentido, suportes e valores atribuídos ao documento sofrem não só transformações ao longo do tempo, mas também mudanças nos critérios de classificação? A arquivística contribui para essa reflexão.

Como outros ramos do conhecimento, a arquivística também passou por mudanças, mas alguns preceitos básicos foram mantidos, entre os quais destacamos a classificação dos documentos.

Por exemplo, um documento histórico para a contemporaneidade já foi um documento útil para determinada empresa no passado. Assim, ao pensar a organização desses registros, a arquivística pretende estabelecer uma padronização, seguida por locais de guarda públicos e privados, independentemente do suporte desses materiais.

De modo geral, os documentos podem ser classificados em documentos de comprovação, documentos de informação e documentos compostos por objetos.

Para enfatizarmos o conceito, devemos ressaltar, conforme Herrera (1991), que *documento* diz respeito a todo registro de informação, independentemente de seu tipo de suporte. A natureza dos atos que originam um documento ou dos atos de sua proposta é definida da seguinte maneira, de acordo com o Arquivo Nacional brasileiro (2019):

- Atos normativos – constituem-se em obrigações, como leis e estatutos.
- Atos enunciativos – emitem opiniões, como pareceres e relatórios.
- Atos de assentamento – consistem no registro de fatos, como atas e termos.
- Atos comprobatórios – servem como comprovantes, como certidões e atestados.
- Atos de ajustes – são documentos referentes a pactos, como acordos e tratados.
- Atos de correspondência – são decorrentes dos atos normativos, como avisos, cartas, memorandos e editais.

Segundo Pereira e Silva (2016), esse tipo de classificação é adotado pela arquivística das instituições e também pelo sistema arquivístico das empresas, afinal, diversos setores também têm sistemas de arquivos e profissionais preparados para o gerenciamento e o funcionamento de suas seções em cada ambiente.

Outros dispositivos são igualmente relevantes na classificação dos documentos. Entre eles está a questão de sua segurança e de sua relevância. Assim, um documento pode ser conservado: obrigatoriamente (como a escritura de uma casa), permanentemente (como a planta da construção desse imóvel) e temporariamente (como a conta de energia dessa habitação, que apresenta um prazo para ser paga).

Para a arquivologia, os documentos também se caracterizam por outros aspectos, como critérios para organização e conservação. Todas essas classificações são artificiais, determinadas por uma perspectiva arquivística para a organização desses registros. Sua lógica segue uma padronização definida pelos profissionais dessa área do conhecimento. Conforme Pereira e Silva (2016), esses critérios são os seguintes:

- **Suporte** – é o material em que o documento foi produzido. Nessa classificação, os documentos podem ser: convencionais em papel (como a Carta de Pero Vaz de Caminha), eletrônicos (como o *Diário Oficial da União*, que desde novembro de 2017 é apenas digital) e especiais – nessa categoria estão objetos como a escova de dentes que João Gualberto carregava quando foi morto na Batalha do Irani, durante a Guerra do Contestado, por exemplo.
- **Forma** – trata-se da como esse documento é apresentado (se é original ou cópia).
- **Formato** – diferente da forma, essa classificação abrange a natureza física do documento, como folha, mapa e microfilme.
- **Gênero** – sua linguagem pode ser textual, audiovisual, fonográfica, iconográfica etc.
- **Natureza do assunto** – indica se os documentos são públicos ou privados.
- **Segurança** – os documentos podem ser sigilosos, autênticos etc.
- **Espécie** – um documento pode ser relatório, boletim, certidão etc.
- **Tipo** – diz respeito à atividade que produziu tal documento (como no caso da certidão de nascimento.
- **Simples** – trata-se de um exemplar único, como uma carta.

- **Composto** – são exemplos dossiês e prontuários médicos.

As propriedades que compõem um documento também precisam ser verificadas quanto à sua autenticidade, naturalidade ou organicidade, já que, dentro de uma instituição, as atividades específicas impõem a geração de novos registros, os quais são delimitados e criados de acordo com as necessidades de cada setor.

Os livros-caixa, por exemplo, seguem uma ordem cronológica. Considerando isso, também podemos mencionar outro aspecto, que diz respeito à inter-relação de documentos, ou seja, ao vínculo dessa produção. Mesmo como cópia, o documento em si é uma unidade naquele determinado espaço. Além disso, os documentos precisam ter confiabilidade, isto é, provar os fatos que descrevem e ser acessíveis para qualquer consulta.

Fluxos de interesse por determinados tipos de documentos podem ser constatados pelas estatísticas das instituições arquivísticas. Uma evidência nesse sentido reside no interesse em relação aos registros de imigrantes. Por exemplo, em virtude da intenção de solicitar a dupla cidadania, principalmente europeia, a busca pela comprovação dessa condição fez aumentar a consulta em arquivos públicos, cartórios, arquidioceses, entre outras instituições.

Nas páginas iniciais de alguns arquivos, esse tema merece destaque pelo volume da demanda. No *site* do Arquivo Público de São Paulo, por exemplo, a seção "Memória do Imigrante" permite consulta *on-line* para a obtenção de certidões, como no exemplo ilustrado na Figura 1.1, a seguir.

Figura 1.1 – Formulário de pesquisa da Hospedaria dos Imigrantes

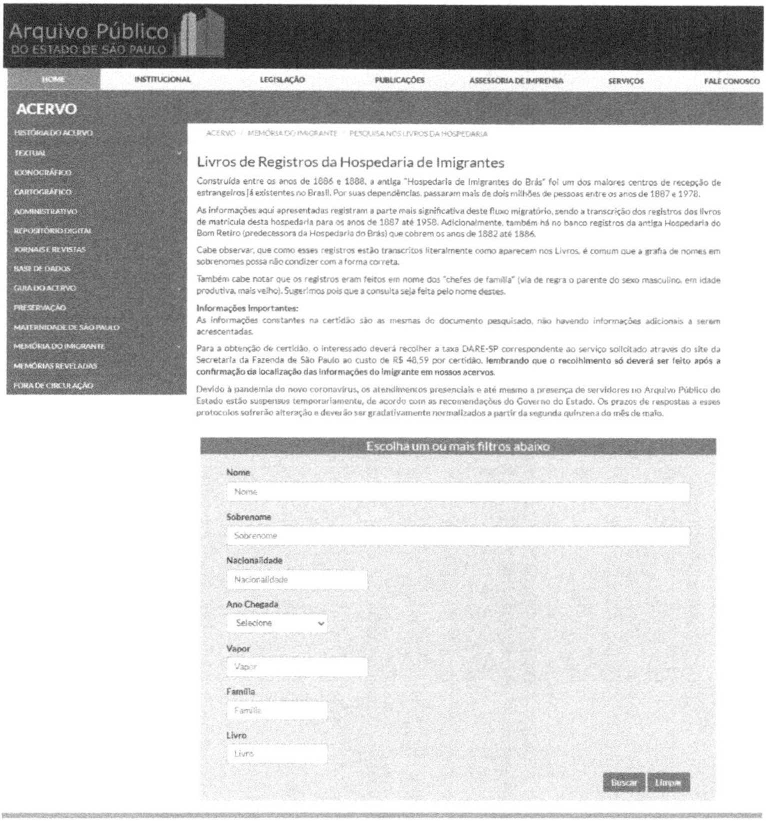

Fonte: São Paulo, 2020.

Com relação a outros tipos de arquivos, como os eclesiásticos, a maioria ainda está em poder de suas igrejas originais ou reunida em arquivos de dioceses e cúrias. Sobre esse tipo de arquivo, é interessante notar que o maior acervo brasileiro de documentação eclesiástica sobre as visitas do Santo Ofício ao Brasil está no Arquivo Eclesiástico da Arquidiocese de Mariana, em Minas Gerais.

Adriane Piovezan

No passado, nem sempre esses arquivos mantinham padrões adequados de preservação e consulta arquivística, mas entendemos que tal situação tem se modificado, em razão da grande procura das certidões. Assim, esses acervos vêm buscando normatizar suas funções e práticas de guarda.

Retornando à questão da pesquisa direcionada sobre a imigração, vamos destacar um dos casos de perfeita adaptação desses espaços diante da crescente consulta. O arquivo da Cúria de Caxias do Sul, região que recebeu um grande número de imigrantes italianos entre 1875 e 1914 (Maestri, 2001), já disponibiliza em sua página um formulário para o pedido de certidão, conforme podemos visualizar na Figura 1.2.

Figura 1.2 – Formulário da Cúria de Caxias do Sul

Fonte: Diocese de Caxias do Sul, 2020.

Podemos constatar a necessidade de compreensão desses materiais. Nesse sentido, letras ilegíveis em livros de registro, principalmente eclesiásticos, são comuns e causam desafios aos descendentes. A preservação também é um item que precisa ser arrolado nesse contexto, pois muito do que podemos compreender também provém da forma como tais registros foram conservados ao longo do tempo. Considerando o exposto, observe a Figura 1.3 e perceba o quão difícil é decodificar o que está escrito.

Figura 1.3 – Registro paroquial de nascimento de Maria Magdalena Lirmann

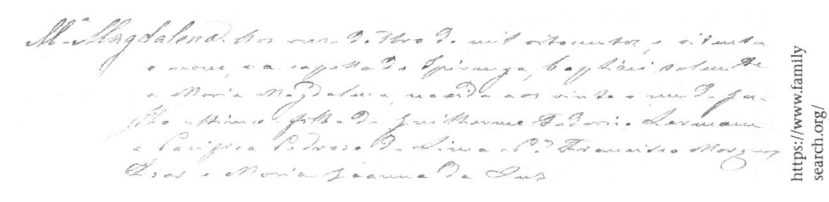

Fonte: Rocha, 2016.

https://www.familysearch.org/

Mas como esses documentos chegaram até esses arquivos? São três as fases da vida do documento em um arquivo. A esse respeito, destacamos o pensamento de Pérotin (citado por Marques; Rodrigues; Nougaret, 2018).

A **primeira fase** compreende a origem do documento, isto é, refere-se ao momento em que ele é gerado e ao tempo em que permanece com seu titular ou herdeiro, considerando-se também a forma como é guardado, se é preservado como original ou cópia etc. Mesmo em sua origem e em posse de seu produtor, um documento pode ser extraviado.

Na história, existem muitos casos de documentos que desapareceram nesse momento crucial de transmissão entre proprietários. O grande sociólogo Gilberto Freyre teve um livro inteiro extraviado após sua morte – a obra era justamente sobre a morte. O livro *Jazigos e covas rasas* seria a continuação de suas obras, que incluem *Casa-grande e Senzala* (de 1933), *Sobrados e mucambos* (de 1936) e *Ordem e progresso* (de 1957). Segundo os estudiosos da obra de Freyre, os manuscritos originais do livro em questão mostram sua reflexão sobre a arquitetura e os ritos fúnebres do período imperial até o século XX. Entre os anos de 1946 e 1950, Freyre morou no Rio de Janeiro, onde consultou os acervos do Arquivo Nacional e da Biblioteca Nacional com a intenção de realizar esse projeto. Ainda que exista conflito entre os historiadores se realmente seria um livro, um artigo, um ensaio terminado ou não, o fato é que eram manuscritos relevantes da obra de Gilberto Freyre.

Em uma **segunda fase** do documento, denominada *intermediária*, ocorre a transição entre os locais de origem e de destino final. Se comparássemos a um rito de passagem, de acordo com Van Gennep (2011), essa etapa corresponderia à separação do documento de seu local de origem para sua incorporação a um arquivo. Mas por que chamar essa fase de *intermediária* ou *de passagem*? Justamente porque nesse momento o documento deixa de ter a função que tinha anteriormente, assume uma nova categoria e, em alguns casos, chega a não ser incorporado a seu novo destino, situação em que é descartado. Também é nesse momento que ele passa a sofrer interferências externas, ponderando-se sobre o que será preservado, para onde será enviado etc.

Um dos aspectos que ilustram essa etapa do documento, no caso institucional, é quando ele deixa de ser corrente. Por exemplo, para compor o Arquivo do Exército, o documento precisa necessariamente ser produzido por uma organização militar (OM) que foi extinta. Exemplo disso é a documentação gerada pelo Corpo de Enfermeiras para o Serviço de Saúde do Exército, organização militar que convocou enfermeiras voluntárias para a Força Expedicionária Brasileira (FEB) e partiu para a Itália durante a Segunda Guerra Mundial (1939-1945).

Tal documentação está disponível no Arquivo do Exército, localizado no Rio de Janeiro.

Por fim, na **terceira fase**, o documento finalmente recebe seu destino final. Ainda considerando a analogia com os ritos de passagem, poderíamos pensar que sua incorporação a uma instituição é permanente. Nesse momento, outras questões surgem, tais como: Como se dará o recebimento desse documento? A instituição terá capacidade de receber o acervo na íntegra, tendo em vista seu interesse e sua limitação espacial? A organização primária será respeitada? O acesso ao documento será livre?

Nem sempre as instituições recebem totalmente os fundos. Para exemplificar essa afirmação, vamos utilizar como exemplo o fotógrafo e cineasta tcheco Vladimir Kozák, que passou a residir em Curitiba em 1938. Como cinegrafista das expedições antropológicas do professor Loureiro Fernandes para a Universidade Federal do Paraná (UFPR), Kozák realizou registros importantíssimos de povos indígenas, como os Xetás. Seus registros, documentários e fotografias compõem um importante acervo etnográfico tanto de povos indígenas como de populações rurais do Estado do Paraná. No total, seu acervo compreende cerca de 8.290 fotos, 15.832 negativos, 2.203 *slides* e 116 filmes. Kozák faleceu em 1979 sem deixar herdeiros, e seus bens foram transferidos para o Museu Paranaense da Secretaria de Cultura do Paraná. Além de todo o material produzido, sua casa também se transformou em biblioteca e, depois, em espaço cultural, sob a responsabilidade da Prefeitura de Curitiba.

Ao receber o fundo Vladimir Kozák, o Museu Paranaense não se interessou por um dos itens do acervo: um veículo modelo Rural utilizado por Kozák para seu deslocamento durante suas pesquisas. O fato de a instituição que acolheu o fundo não ter incorporado esse item demonstra a problemática da segunda fase do documento.

Naquele momento, a instituição não tinha interesse. Então, o que aconteceu com o veículo? Abandonado, foi deteriorado pelo tempo. Aparentemente, podemos pensar que tal objeto não tinha a menor importância diante dos tesouros registrados por Kozák, mas, levando-se em conta a integridade dos fundos, esse carro também era relevante. E se o veículo tivesse sido doado na época para outra instituição interessada[2]? Tais possibilidades devem ser discutidas no momento crucial de promover a agregação de um acervo a uma instituição definitiva.

Com base nesse caso, podemos refletir sobre a questão da interferência nas coleções: o que é descartado, como é descartado, onde o que é preservado será mantido, qual será a forma de difundir o que será preservado etc. No caso citado, as denúncias acerca do automóvel que continha um valor histórico por ter pertencido a Kozák foram apresentadas ao museu receptor do fundo, que respondeu à indagação afirmando que o automóvel nunca fora arrolado no conjunto do fundo recebido.

Tal fato representou um notável evento de desrespeito à legislação e aos protocolos reconhecidos pela arquivística nacional. O etnólogo tcheco faleceu em 1979, e o fundo passou para o Museu Paranaense, mas a casa foi transferida para a Prefeitura de Curitiba, que utilizou o espaço como biblioteca e espaço cultural. Depois do fechamento do espaço, em 2011, de seu abandono e, depois, de sua reforma e reabertura em 2016, o caso da Rural Willys que transportou Kozák e seu equipamento em suas expedições para registrar os povos indígenas no

---

2   *Ainda que os gestores do Museu Paranaense não demonstrassem interesse pelo veículo de Vladimir Kozák, Curitiba tem, desde 1976, um Museu do Automóvel, espaço que congrega veículos antigos, recupera e coloca em exposição os mais variados meios de transporte do passado. Poderia ser uma atitude relevante a doação desse automóvel ao museu que guarda esse tipo de objeto, uma solução mais adequada do que a destruição que foi provocada pelo simples abandono.*

Paraná foi esquecido[3]. Esse evento expõe a importância e os riscos no momento de recebimento de um fundo por parte de uma instituição arquivística.

Essa terceira fase do documento corresponde à sua incorporação à instituição de destino permanente. Como podemos perceber, nem todas as instituições recebem os fundos na íntegra, pois alguns são fragmentados; já em outros casos, a integridade do acervo é um requisito fundamental para a incorporação do fundo a instituição.

A questão da organização também é relevante, uma vez que não é sempre que a disposição original é mantida. As intenções na produção, classificação e tutela originais podem ou não ser protegidas. Assim, o documento adquire nova função, de forma que a maneira como é preservado, bem como o quê, efetivamente, é preservado, refere-se mais à lógica da organização receptora do que à de seu titular.

Sob essa ótica, os documentos podem ser agrupados em dois conjuntos: (1) por sua **natureza bibliográfica** ou (2) por sua **natureza arquivística**.

Como unidades de informação, os documentos podem ser preservados em bibliotecas, como no caso de livros, folhetos e catálogos; já os demais podem ser mantidos em arquivos propriamente ditos, que abrigam documentos contábeis, fotografias, entre outros.

---

3 *Como temos uma relação sentimental com esse espaço, frequentado na infância e na adolescência, em diferentes momentos acompanhamos o desfecho triste desse patrimônio. O leitor pode se perguntar qual é a importância de um automóvel feito em série já apodrecido diante de registros raros e únicos em película de tribos indígenas desaparecidas? A reposta é que todo documento tem seu valor, dependendo da pesquisa realizada. Obviamente, a riqueza da obra de Kozák foi conservada, preservada e está disponível para acesso no Museu Paranaense, mas é preciso notar a responsabilidade de uma instituição ao receber um fundo, ao adotar uma atitude que se mostrou bastante comprometedora nesse caso – amadora, para sermos mais precisos. Aqui, salientamos esse evento para enfatizar a importância de um profissional da arquivologia ao longo das fases dos documentos.*

A gestão dos documentos, principalmente públicos, tem na classificação sua principal ferramenta, que determina as demais atividades a eles relacionadas. Nesse sentido, é preciso distribuir os documentos em um arquivo, responsabilidade que cabe ao profissional da arquivologia, o qual aplica seus métodos e suas teorias para que essa distribuição seja condizente com o conjunto do arquivo.

A origem desses espaços (biblioteca e arquivos) é a mesma: ambos serviram e ainda servem como espaços de preservação da memória cultural, com diferenças e semelhanças entre seus métodos e técnicas de organização. No entanto, jamais se limitaram simplesmente a lugares de guarda – isto é, a questão da difusão da informação sempre esteve presente nessas instituições.

Ainda que, assim como os museus, essas duas instituições tenham uma função direcionada às comunidades das quais fazem parte, nem sempre frequentamos arquivos. Normalmente, lembramos a última vez em que visitamos uma biblioteca ou um museu, mas certamente poucos de nós tiveram a mesma experiência com arquivos.

Obviamente, com o desenvolvimento da sociedade da informação e da tecnologia, muitos desses espaços podem ser conhecidos e visitados virtualmente, mas, no passado, a biblioteca sempre foi a instituição mais próxima dos indivíduos comuns. Nesse aspecto, destacamos a questão da informação bibliográfica, que "é aquela advinda do trabalho intelectual de uma pessoa, seja ela física ou jurídica, passível de ser representada por meio de registros que identifiquem suas principais características, seja de forma ou de conteúdo" (Santa Anna; Campos; Calmon, 2015, p. 97).

E quanto à informação arquivística? Na maioria das vezes, ela atende a um interesse muito específico. Trata-se de um documento que tem função de comprovação, de fonte.

No que se refere às fontes, a classificação do documento está dividida em fontes primárias, secundárias e terciárias. O documento original é uma **fonte primária**, ou seja, original e, em maioria, única.

O próprio termo *fonte* sugere a ideia de origem. Podemos pensar no documento de origem do Brasil, a Carta de Pero Vaz de Caminha (Figura 1.4), constituída por 14 páginas e conhecida como uma certidão de batismo do Brasil, por conter o relato da posse do país por Portugal, em 1500.

Figura 1.4 – Fragmento da Carta de Pero Vaz de Caminha

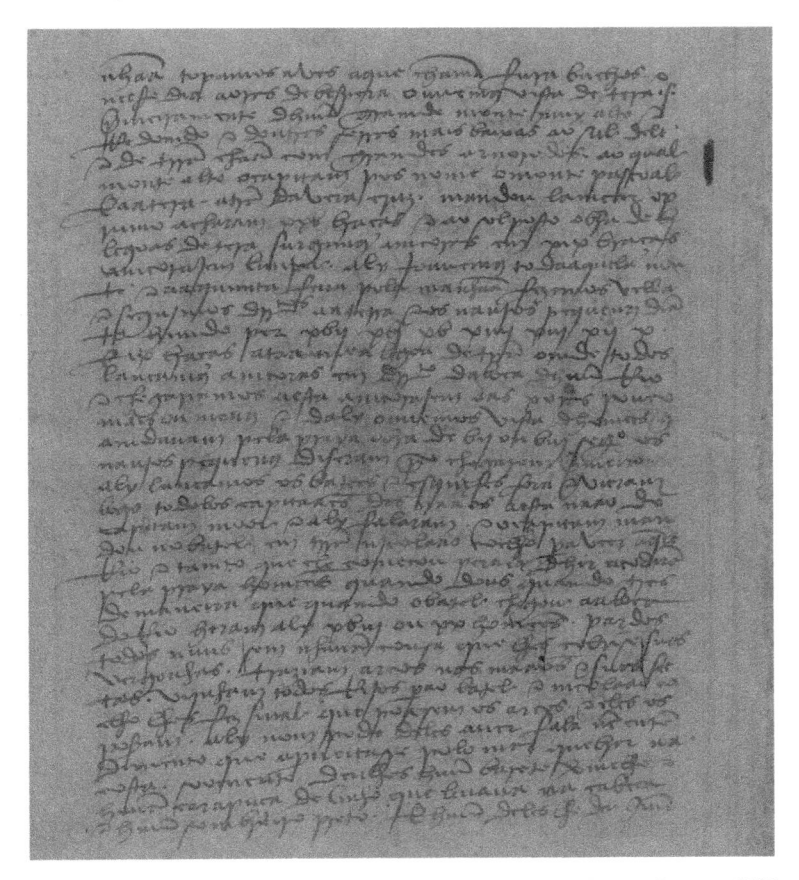

Fonte: Carta..., 1500.

Esse documento faz parte do acervo do Arquivo da Torre do Tombo, em Lisboa, Portugal. A importância do relato de Caminha garantiu a esse documento uma posição de destaque no acervo do arquivo, hoje inscrito no Programa Memória do Mundo, da Organização das Nações Unidas para a Educação, a Ciência e a Cultura (Unesco).

Já as chamadas **fontes** ou **documentos secundários** apresentam uma informação filtrada, contendo comentários ou destaques sobre outro documento que diz respeito à informação original. Sob esse aspecto, sínteses ou avaliações dos originais geralmente não são contemporâneas aos acontecimentos aos quais tais documentos se referem.

Nesse sentido, tabelas, bancos de dados e artigos sobre determinado tema são exemplos de fontes secundárias. A seguir, apresentamos uma tabela sobre a População do Estado do Maranhão de 1663 até 1693. Esse material foi composto por Fran Paxeco e publicado em 1912. Os dados para a confecção dessa tabela foram coletados da fonte primária "Papel sobre o governo do Estado do Maranhão e sua extenção. Por Manoel Da Vide Soutomayor. Anno de 1663", entre outras (Chambouleyron, 2006, p. 113). Os documentos a partir dos quais a tabela foi confeccionada (fontes primárias) forneceram subsídios para o historiador, ou seja, proporcionaram-lhe uma interpretação sobre essa temática.

Tabela 1.1 – População do Estado do Maranhão (1663-1693)

	São Luís	Tapuitapera	Belém	Totais
Manual Soutomayor "Papel sobre...", 1663	700 moradores repartidos pelas capitanias do Pará e Maranhão			700
João de Moura "Collonia portugueza...", 1684	800 vizinhos 407 fogos 150 soldados		200 homens que podem tomar em armas 150 fogos	1.150

(continua)

(Tabela 1.1 – conclusão)

	São Luís	Tapuitapera	Belém	Totais
Manuel Guedes Aranha "Papel político...", 1685	Mais de mil vizinhos	400 vizinhos	500 moradores	1.900
João de Sousa Ferreira "América abbreviada...", 1693	600 vizinhos	300 vizinhos	400 moradores	1.300

Fonte: Chambouleyron, 2006, p. 102.

Tal tabela, um exemplo de fonte secundária, foi utilizada no artigo de Chambouleyron (2006) em seu estudo sobre o tráfico negreiro no Pará e no Maranhão nos séculos XVII e XVIII.

Já as **fontes terciárias** representam guias de fontes ou documentos primários e secundários. Como exemplos, podemos citar catálogos de bibliotecas, bibliografias de biografias e guias de leitura.

Em uma sociedade totalmente informatizada como a atual, basta acessarmos um buscador virtual para encontramos bibliografias, artigos e verbetes sobre a pesquisa que estamos realizando. Contudo, até a segunda metade do século XX, as formas de pesquisa eram muito diferentes.

Esses indexadores de catálogos e bibliografias eram essenciais para a agilidade e a pertinência das pesquisas. Quanto mais informação existisse nos indexadores, maior era a facilidade de encontrar um documento primário ou secundário sobre o tema pesquisado. Você consegue imaginar a dificuldade e o tempo gasto nesse acesso?

Em termos arquivísticos, os documentos também podem ser classificados em **documentos textuais** e **não textuais**. Outra classificação entre os documentos textuais se refere à distinção entre documentos manuscritos e impressos.

Na Figura 1.4, ilustramos a categoria dos documentos primários com uma imagem da Carta de Pero Vaz de Caminha. Porém, noções de paleografia (o estudo das formas antigas de escrita) são necessárias para lê-lo. Alguns *sites* já disponibilizam muitos documentos desse tipo em formato de texto impresso. Para ler a Carta, por exemplo, é possível acessar o *site* da Biblioteca Nacional[4]. Além disso, diversos *softwares* foram desenvolvidos nos últimos anos, sendo alguns disponíveis em parcerias com universidades públicas, para a conversão de documentos originais que demandariam paleografia para textos impressos.

A tecnologia que auxilia nesse trabalho com o documento é conhecida pela sigla OCR (do inglês *optical character recognition*), que diz respeito ao reconhecimento ótico de uma imagem e à sua conversão para mapa de *bits*. Recursos como esse contribuem para o avanço do conhecimento.

Quanto aos documentos não textuais, eles "podem ser caracterizados como documentos multimeios (artefatos que tanto podem ser bi ou tridimensionais) e documentos extraídos da própria natureza (reálias)" (Pereira; Silva, 2016, p. 20).

Mais adiante nesta obra, comentaremos sobre o impacto das novas tecnologias na produção de documentos. Nesse sentido, hipermídias, multimídias, sons e animações são só algumas das ferramentas que podem contribuir para tal.

A questão do hipertexto é um dos pontos mais significativos para o historiador. Para Xavier (2002), o hipertexto tem por características imaterialidade, a ubiquidade, a convergência de linguagens e a não linearidade.

---

4   Acesse a página pelo seguinte endereço eletrônico: BRASIL. Ministério da Cultura. Fundação Biblioteca Nacional. Departamento Nacional do Livro. **A carta de Pero Vaz de Caminha**. Disponível em: <http://objdigital.bn.br/Acervo_Digital/livros_eletronicos/carta.pdf>. Acesso em: 10 jun. 2020.

Em sua pesquisa sobre a enunciação digital, o autor reforça a necessidade de distinguir **texto** de **hipertexto**. Muito utilizado nas pesquisas de linguagem, o hipertexto deve tanto funcionar como um sistema de organização de dados como permitir, a partir dos *links* articulados, novas associações.

Para os pesquisadores de arquivos, tais ferramentas são enriquecedoras do trabalho. Em tempos mais antigos, algumas obras de historiadores traziam algumas de suas fontes ao final, na seção de anexos. Atualmente, porém, um *e-book* (livro digital) com hipertexto, por meio de um *link*, pode disponibilizar diretamente tais fontes. É evidente a imensa contribuição dessa prática no caso de documentos iconográficos – sem custos de impressão ou problemas de qualidade e com o conforto possibilitado pelos dispositivos digitais.

Podemos problematizar essas funções considerando as limitações de direitos autorais. Com relação a esse aspecto, o conceito de documento REA (sigla para *recursos educacionais abertos*) mostra-se como uma alternativa para pensar em materiais de ensino que estão em domínio público e que podem ser acessados, utilizados ou adaptados por terceiros (Unesco, 2020). Essas possibilidades permitem que o documento seja amplamente compartilhado e difundido a partir de qualquer suporte.

As discussões sobre o acesso a esses materiais ainda são recorrentes. Sob essa ótica, o historiador estadunidense Robert Darnton, especialista em história do livro, da leitura e das bibliotecas, em diversas entrevistas e obras, revela os conflitos entre o interesse em popularizar todos os conteúdos de conhecimento humano presentes em bibliotecas públicas, de grandes universidades e outras instituições e a pressão de gestores de *sites* para a cobrança desses serviços (Darnton, 2010).

As características marcantes dos documentos dizem respeito a questões como:

- **autenticidade** – se é um documento original ou uma falsificação;
- **organicidade** – quais relações tem com os demais documentos do órgão em que está guardado;
- **inter-relacionamento** – principalmente no caso de documentos empresariais; um documento tem articulação com os demais ao longo de suas funções e, em alguns casos, sua existência só faz sentido quando está nesse conjunto;
- **unicidade** – relação com a função original, isto é, mesmo que apresente cópias, determinado documento pode ser único e exclusivos para certa situação;
- **imparcialidade** – relação com a organicidade do arquivo. Segundo Rodrigues (2006, p. 109), o conceito de imparcialidade

sugere que o documento nasce por uma imposição da natureza das atividades de uma instituição, e não porque houve uma escolha de ter-se um documento para essa ou aquela finalidade. A imparcialidade dos documentos refere-se à capacidade dos documentos de refletirem fielmente as ações do seu produtor. O autor [Jenkinson, 1965] enfatiza a verdade administrativa *do documento e não a verdade do seu conteúdo. O motivo da criação de um documento, independentemente do seu conteúdo ser ou não, suponhamos, uma fraude, seria legítimo no que se refere à sua relação com as atividades da entidade que o criou.*

Entretanto, nos arquivos públicos nem sempre essa classificação é tão fácil como pode parecer para quem não está inserido nesse meio. Assim, de acordo com Souza (citado por Rodrigues, 2016, p. 258),

Essas classificações são fundamentais para a organização de arquivos correntes. Os arquivos montados nos setores de trabalho são acervos

arquivísticos constituídos de documentos ativos, semiativos e inativos, misturados a outros passíveis de eliminação e a documentos não orgânicos, que não são considerados de arquivo e que são produzidos ou recebidos fora do quadro das missões de uma organização.

A classificação exige um plano de atuação, isto é, um protocolo por parte da instituição arquivística, pois, em alguns momentos, ela pode privilegiar os fundos e, em outros, os conteúdos dos documentos.

(1.2) SIGILOSOS OU PÚBLICOS: A NATUREZA DOS DOCUMENTOS

A ciência arquivística não nasceu pronta. Ao longo dos anos, aperfeiçoamentos e metodologias transformaram a concepção e a classificação dos documentos em um processo vivenciado em diferentes contextos.

Com relação a isso, um dos aspectos que podem ser problematizados se refere à natureza dos documentos. Algumas informações podem ser consideradas confidenciais em um momento e, tempos mais tarde, não ter a menor importância. Nesse sentido, os documentos podem ser classificados em **sigilosos** ou **públicos**.

Os documentos gerados durante a Ditadura Militar Brasileira (1964-1988) são exemplos da mudança e do estatuto dos documentos. A consulta e a divulgação de conteúdos de alguns documentos sigilosos podem causar diversos problemas para os pesquisadores e para a instituição de guarda.

Por exemplo, no acervo da Delegacia da Ordem Política e Social do Paraná (DOPS/PR), sob a guarda do Arquivo Público estadual, há uma documentação referente ao período compreendido entre 1937 e 1988.

Apenas com o Decreto n. 8.557, de 2013, as fichas pessoais de cidadãos investigados por essa instância puderam ser acessadas por parte dos pesquisadores. Antes disso, havia um impedimento à consulta desse material. Ainda que estivesse sob guarda, o acesso era restrito aos próprios cidadãos citados em tais fichas.

Mas qual é o prazo para um documento sigiloso deixar de ter essa classificação? Como isso ocorre na comparação entre os vários arquivos existentes?

A legislação pode variar conforme o país e a época, e o conteúdo é sempre mais relevante do que o tempo do documento. Por exemplo, podemos citar os documentos da Guerra do Paraguai, conflito ocorrido no século XIX, mais precisamente entre os anos de 1864 e 1870. Havia documentos restritos sobre esse evento até o início do século XXI. Tendo sido solicitados até pelo governo paraguaio, a existência de um arquivo secreto foi cogitada diante das lacunas desse acervo[5].

No acervo da Biblioteca Nacional Digital, existe um dossiê da Guerra do Paraguai. Cabe destacar que, no *site* da biblioteca, é possível utilizar ferramenta chamada Hemeroteca Digital Brasileira. Seu acervo disponível para pesquisa *on-line* é composto por periódicos do início do século XIX até o século XX. Trata-se de um magnífico acervo, de fácil e eficiente consulta, que, desde 2012, representa uma verdadeira revolução no acesso à documentação. A partir de 2015, a ampliação do acervo foi realmente significativa, e a cada ano novas coleções são acrescentadas nesse repositório.

---

5 *A maior autoridade sobre a Guerra do Paraguai, o pesquisador e professor da Universidade de Brasília (UnB) Francisco Doratioto, autor da obra* Maldita guerra: nova história da Guerra do Paraguai, *destaca que provavelmente não haja um arquivo secreto dessa guerra, mas ele acredita, sim, na existência de documentos inéditos. O professor aponta a questão da desorganização dos arquivos tanto do Exército como do Itamaraty, que involuntariamente podem conter documentos ainda não publicados (IPS, 2005).*

Sob essa ótica, na Declaração Universal dos Direitos Humanos, de 1948, o artigo 19 estabelece que "toda pessoa tem direito à liberdade de opinião e expressão; este direito inclui a liberdade de, sem interferência, ter opiniões e de procurar, receber e transmitir informações e ideias por quaisquer meios e independentemente de fronteiras" (Unesco, 1948). A informação é uma garantia legal e que está assegurada também na Constituição Brasileira de 1988, conforme pode ser lido a seguir:

TÍTULO II
DOS DIREITOS E GARANTIAS FUNDAMENTAIS
CAPÍTULO I
DOS DIREITOS E DEVERES INDIVIDUAIS E COLETIVOS

Art. 5º Todos são iguais perante a lei, sem distinção de qualquer natureza, garantindo-se aos brasileiros e aos estrangeiros residentes no País a inviolabilidade do direito à vida, à liberdade, à igualdade, à segurança e à propriedade, nos termos seguintes:

[...]

X – são invioláveis a intimidade, a vida privada, a honra e a imagem das pessoas, assegurado o direito a indenização pelo dano material ou moral decorrente de sua violação;

[...]

XIV – é assegurado a todos o acesso à informação e resguardado o sigilo da fonte, quando necessário ao exercício profissional;

[...]

XXXIII – todos têm direito a receber dos órgãos públicos informações de seu interesse particular, ou de interesse coletivo ou geral, que serão prestadas no prazo da lei, sob pena de responsabilidade, ressalvadas aquelas cujo sigilo seja imprescindível à segurança da sociedade e do Estado. (Brasil, 1988)

Conhecer esses elementos da Constituição Federal (Brasil, 1988) é essencial para compreender como a sistematização dos documentos em uma instituição arquivística segue determinados parâmetros em sua organização. Cada arquivo deve ter um sistema de controle dos processos de sua gestão, inspecionando-se o sistema de segurança contra furtos de documentos ou falsificação do acervo.

Como função do arquivo, o acesso aos documentos deve ser garantido, mas também deve ser assegurada a proteção desse acervo. Em uma situação real, nem sempre a quantidade de funcionários possibilita a fiscalização da utilização das fontes do acervo e o correto manuseio desses materiais pelos usuários. Nesse sentido, graças aos avanços tecnológicos, câmeras de monitoramento também auxiliam nesse processo. Ainda assim, a gestão da documentação se vê vulnerável em algumas circunstâncias. A esse respeito, não precisamos citar como exemplo apenas o Brasil e suas limitações concernentes às suas instituições arquivísticas. Infelizmente, arquivos considerados modelos na gestão também passaram por situações de roubo de documentos.

No National Archives and Records Administration (Nara), dos Estados Unidos, há uma página dedicada ao histórico de roubo e adulteração de documentos descobertos no arquivo[6]. Em outros tempos, a maioria dos documentos roubados era vendida em *sites* de colecionadores na internet. Tais situações ensejaram a criação de uma série de protocolos para o pesquisador nesses acervos, alguns deles bastante exóticos para estudiosos brasileiros.

---

6 Do fim dos anos 1960 até 2018, esses acontecimentos marcaram a existência desse arquivo. Para mais detalhes sobre tais eventos, sugerimos a consulta ao seguinte endereço eletrônico: UNITED STATES OF AMERICA. National Archives. **Notable Thefts from the National Archives**. Disponível em: <https://www.archives.gov/research/recover/notable-thefts.html>. Acesso em: 15 jun. 2020.

Como medidas para evitar esses crimes, podemos citar a revista da segurança para qualquer papel que acompanhe o pesquisador no arquivo. Outra exigência diz respeito ao uso de casacos e sobretudos. Qualquer peça de roupa nesse estilo deve permanecer vestida e abotoada ou ser acomodada no guarda-volumes da instituição. Por isso, um inofensivo casaco jamais pode ser pendurado em uma cadeira. Os detalhes sobre o histórico de situações de prejuízo do arquivo justificaram tais posições por parte dos gestores.

E por que a questão tecnológica se caracteriza como um perigo maior para a questão da informação? Principalmente pela novidade que esse desse tipo de suporte representa como documento a ser considerado como outro qualquer no meio arquivístico. Embora seja novo diante da história do arquivo, esse tipo de documentação já tem um legado relevante que não pode ser ignorado pelas instituições.

O documento digital pode ser conceituado como uma informação codificada e inteligível por meio de um computador ou dispositivo eletrônico. Mas como essa informação digital é organizada? Quais critérios são utilizados na organização desse tipo de acervo?

Para entender essa questão, é necessário pensar sobre o E-Arq Brasil, que se define como

uma especificação de requisitos a serem cumpridos pela organização produtora/recebedora de documentos, pelo sistema de gestão arquivística e pelos próprios documentos, a fim de garantir sua confiabilidade e autenticidade, assim como sua acessibilidade. Além disso, o e-ARQ Brasil pode ser usado para orientar a identificação de documentos arquivísticos digitais. (Brasil, 2011a, p. 9)

Como uma ciência da informação, a arquivística procura colocar em prática experiências testadas e verificadas em seu êxito. Assim, a autenticidade do conjunto de documentos que integrarão o acervo de um arquivo é necessariamente colocada à prova de forma rigorosa. De acordo com Sfreddo e Flores (2012, p. 161),

> Os Sistemas Informatizados de Gestão Arquivística de documentos (Sigad) devem ser capazes de gerenciar tanto documentos convencionais quanto digitais. É importante ressaltar que para aplicar o e-ARQ a instituição deve ter implementado um sistema de gestão de documentos, pois ele serve apenas para auxiliar e facilitar a gestão já existente.

O mencionado Sistema Informatizado de Gestão Arquivística de Documentos (Sigad) gerencia conjuntamente arquivos digitais e arquivos em papel. O gerenciamento eletrônico de documentos (GED) reúne experiências de digitalização, e entre suas funções estão "captura, gerenciamento, armazenamento e distribuição" (Brasil, 2011a, p. 10).

Uma gestão de documentos é responsável por definir uma política de acesso aos seus dados, tendo entre seus princípios a confidencialidade, a integridade e a disponibilidade. A responsabilidade de guarda de um documento também passa necessariamente pela segurança desse bem patrimonial. Esse ponto é crucial para a compreensão da missão dos arquivos, ou seja, a informação é um bem da instituição à qual pertence, e esse valor deve ser observado tanto por pesquisadores como por frequentadores e prestadores de serviço.

As regras formam e reforçam a segurança dessas informações, sendo que o controle de acesso é um dos itens principais. Nos Estados Unidos, retomando o exemplo já citado do Nara, mesmo com os eventos traumáticos verificados, os controles de acesso do visitante/pesquisador ao arquivo foram fundamentais para a posterior recuperação dos acervos subtraídos. Essa política de segurança é observada e, na maioria dos casos, compartilhada por diversas instituições.

Geralmente, ao visitar um arquivo, seja em Irati, no Paraná, seja em Hamburgo, na Alemanha, por exemplo, os atributos a serem atendidos serão os mesmos: identificador de usuário (crachá de identificação); autorização de acesso (ou até mesmo restrição do espaço do acervo ao uso exclusivo dos funcionários autorizados); e credenciais de identificação (Brasil, 2011a).

Mas será que qualquer documento pode ser acessado nesse arquivo após esse processo de identificação? A questão do sigilo demonstra que o tratamento dispensado aos documentos em uma mesma instituição arquivística pode ser diferenciado.

O teor de sua informação pode ser classificado como sensível, e restrições podem ser impostas para determinados documentos considerados sigilosos. Dessa forma, normas de restrições a determinados materiais do acervo podem ser aplicadas para usuários e funcionários[7]. Serviços de rede e utilização de senhas são outros aspectos presentes nos regimentos internos dos arquivos e seguem um protocolo de segurança do acervo.

---

7 *Os arquivos nacionais franceses, em comparação com os brasileiros, apresentam maior centralização. Arquivos estaduais ou municipais seguem as mesmas normas dos arquivos nacionais franceses. Dessa forma, em algumas pesquisas que envolvem personalidades públicas, em documentos que possam conter alguma opinião ou juízo de valor, é possível que um funcionário do arquivo acompanhe o acesso ao acervo. Em determinados trechos dos documentos, o acesso é até permitido, mas não sua leitura total, já que o funcionário "censura" a leitura desses trechos comprometedores. Para consultar as normas de acesso para pesquisadores nos arquivos nacionais franceses, você pode visitar o seguinte endereço eletrônico: REPUBLIQUE FRANÇAISE. Ministere de la Culture.* **Décision 2017-12 portant réglement des salles de consultation des Archives nationales.** *21 juil. 2017. Disponível em: <http://www.archives-nationales. culture.gouv.fr/documents/10157/11409/DC_2017-12web.pdf/e89be2e4-ecb2-4372-b170-b0e00e727042>. Acesso em: 15 jun. 2020.*
Já nos Estados Unidos, qualquer tipo de constrangimento pode garantir ao documento o selo classified, ou seja, "secreto", mas, tempos depois, o mesmo documento pode ser carimbado como unclassified, isto é, "não secreto", o qual determina sua liberação para consulta. Existe, também, a possibilidade de preenchimento de solicitação por parte do pesquisador, para que determinado documento que está restrito seja consultado. Informações sobre consultas aos acervos do National Archives podem ser encontradas no seguinte endereço eletrônico: UNITED STATES OF AMERICA. National Archives. **FAQs.** *Disponível em: <https://www.archives.gov/research/start/faqs.html>. Acesso em: 15 jun. 2020.*

Cópias de segurança, criptografia e assinaturas digitais são outros elementos presentes nos regulamentos arquivísticos. Segurança patrimonial com câmeras de segurança também se caracteriza como uma necessidade de uma instituição de guarda (Sfreddo; Flores, 2012).

Com relação aos graus de sigilo, um importante instrumento utilizado nas instituições arquivísticas é a Lei de Acesso à Informação (LAI), Lei n. 12.527, de 18 de novembro de 2011. Sua função é regulamentar as informações públicas em todos os âmbitos do Poder Público brasileiro (Brasil, 2011c). Revogando outras determinações de 1991 e 2005, sua abrangência se refere a todos os órgãos dos poderes Legislativo, Executivo e Judiciário nacional. Fundações e instituições federais, estaduais e municipais também são incorporadas nessa determinação.

Vale ressaltar que a Lei n. 8.159, de 8 de janeiro de 1991, instituiu o Sistema Nacional de Arquivos e, em seu art. 2º, considera os arquivos como os "conjuntos de documentos produzidos e recebidos por órgãos públicos, instituições de caráter público e entidades privadas, em decorrência do exercício de atividades específicas, bem como por pessoa física, qualquer que seja o suporte de informação ou a natureza dos documentos" (Brasil, 1991).

Cada país tem suas determinações relacionadas à proteção dos documentos sigilosos. Talvez você já tenha lido alguma manchete sobre a divulgação de novos documentos que foram liberados sobre determinados eventos. Existem acervos documentais, relativos a alguns acontecimentos marcantes, que são protegidos ou por envolverem indivíduos que demandam segurança ou por oferecerem riscos ou constrangimentos às investigações, por exemplo.

Em 22 de novembro de 1963, o presidente estadunidense John F. Kennedy, então com 46 anos, foi assassinado em Dallas, no Estado do Texas. Investigações e processos desse evento geraram uma documentação de quase 5 milhões de páginas. Em razão do grau de importância do cargo ocupado, do contexto (um desfile em carro aberto durante o dia, acompanhado de dezenas de seguranças) e da forma de ataque (no caso, o presidente foi assassinado por um atirador), essa tragédia gerou grande comoção no mundo todo. Ainda que o assassino Lee Oswald tenha sido sentenciado à morte, as inúmeras questões que envolveram o processo fizeram com que grande parte do acervo fosse mantida em sigilo.

No entanto, uma lei americana aprovada no ano de 1992 determinou que, em 2017, a divulgação dos arquivos seria permitida. Porém, solicitações da agência de inteligência norte-americana, a Central Intelligence Agency (CIA), e do Federal Bureau of Investigation (FBI), uma espécie de Polícia Federal americana, conseguiram impedir essa divulgação. Até que em julho de 2017, 3.810 arquivos foram finalmente disponibilizados, dos quais 441 eram completamente inéditos e 3.369, parcialmente secretos.

O próprio Arquivo Nacional dos EUA informou que a maioria dessa documentação teria pouca relevância. A nova data para que o restante do acervo seja divulgado será em 2021[8].

Nos arquivos dos Estados Unidos, os carimbos indicam quando um documento é considerado sigiloso (*classified*); depois de algum tempo, o mesmo documento pode ser mantido como desclassificado (*declassified*). A seguir, na Figura 1.5, apresentamos um exemplo de documento assim categorizado. Seu conteúdo diz respeito à criação de uma capelania militar, uma assistência religiosa que acompanharia a FEB à Itália durante a Segunda Guerra Mundial (1939-1945).

---

8 No site *do Nara, a seção "The President John F. Kennedy Assassination Records Collection"* indica todo o processo, bem como os documentos liberados, e tem um campo destinado a perguntas que os pesquisadores ou qualquer cidadão podem enviar sobre os documentos. Confira no seguinte endereço eletrônico: UNITED STATES OF AMERICA. National Archives. **The President John F. Kennedy Assassination Records Collection.** Disponível em: <https://www.archives.gov/research/jfk>. Acesso em: 15 jun. 2020.

Figura 1.5 – Documento da Divisão de Inteligência Militar dos Estados Unidos

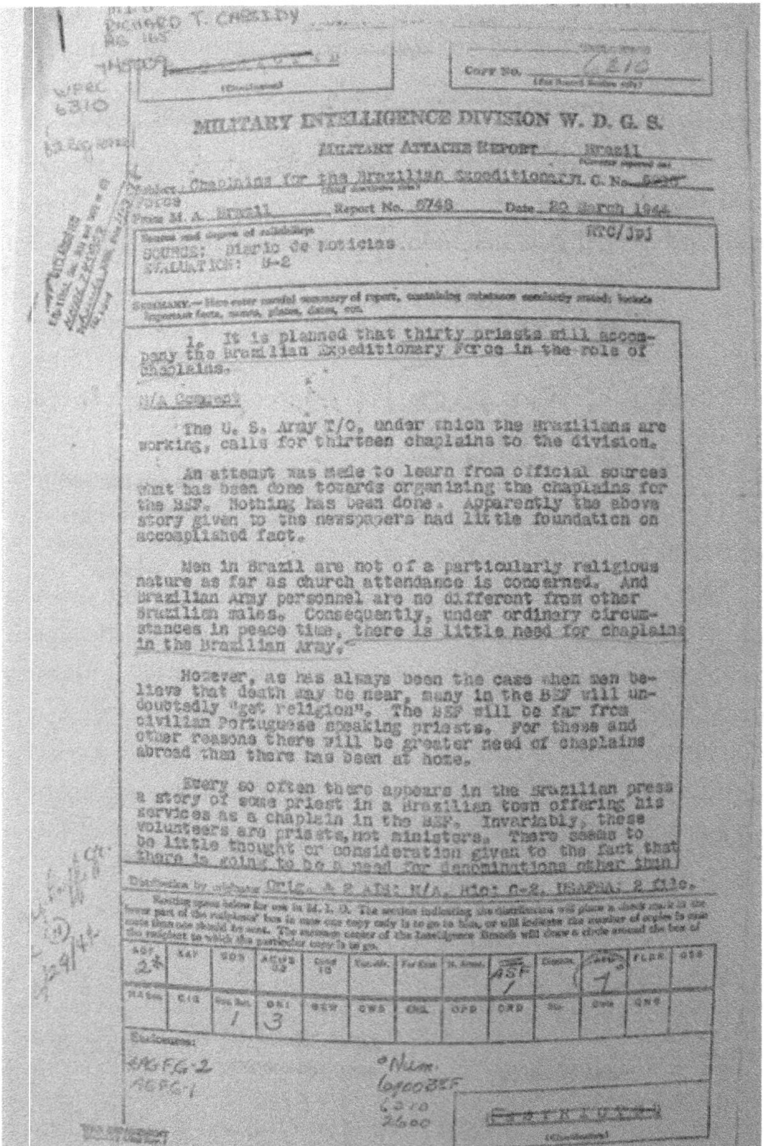

MILITARY INTELLIGENCE DIVISION W. D. G. S.

MILITARY ATTACHE REPORT — Brazil

Subject: Chaplains for the Brazilian Expeditionary Force

From M. A. Brazil   Report No. 5748   Date: 20 March 1944

SOURCE: Diario de Noticias
EVALUATION: B-2

SUMMARY: — Here enter concise summary of report, containing reference carefully stated; include important facts, names, places, dates, etc.

1. It is planned that thirty priests will accompany the Brazilian Expeditionary Force in the role of chaplains.

N/A Comment:

The U. S. Army T/O, under which the Brazilians are working, calls for thirteen chaplains to the division.

An attempt was made to learn from official sources what has been done towards organizing the chaplains for the BEF. Nothing has been done. Apparently the above story given to the newspapers had little foundation on accomplished fact.

Men in Brazil are not of a particularly religious nature as far as church attendance is concerned. And Brazilian Army personnel are no different from other Brazilian males. Consequently, under ordinary circumstances in peace time, there is little need for chaplains in the Brazilian Army.

However, as has always been the case when men believe that death may be near, many in the BEF will undoubtedly "get religion". The BEF will be far from civilian Portuguese speaking priests. For these and other reasons there will be greater need of chaplains abroad than there has been at home.

Every so often there appears in the Brazilian press a story of some priest in a Brazilian town offering his services as a chaplain in the BEF. Invariably, these volunteers are priests, not ministers. There seems to be little thought or consideration given to the fact that there is going to be a need for denominations other than...

Military Attache report, Military Intelligence Division WD68, de 30 de março de 1944. Fonte: National Archieves (Acervo Pessoal).

E qual teria sido o motivo para esse documento ter sido considerado secreto até 1988? Nesse relatório, um juízo de valor sobre o comportamento do povo brasileiro é expresso no texto. A discussão refere-se à necessidade de criar uma assistência religiosa para a guerra, algo que foi extinto no Exército Brasileiro com a Proclamação da República. No texto do documento, segundo o relator, o povo brasileiro seria pouco religioso, e a possibilidade de uma morte em guerra poderia ter provocado esse súbito interesse na formação desses quadros religiosos para a participação na guerra. A leitura do documento hoje nos parece totalmente inofensiva, e já era em 1988, mas, antes disso, a opinião sobre nossos hábitos religiosos poderia ser considerada preconceituosa ou desrespeitosa. Nesse sentido, o sigilo dos documentos também está associado à proteção de qualquer possibilidade de atrito entre nações e/ou personalidades, e qualquer menção que pode ser interpretada de uma forma menos amena pode ser o suficiente para censurar uma fonte.

Também é possível encontrar no Nara documentos que explicam a ausência de outros documentos. Ainda que a instituição disponibilize um serviço de solicitação de permissão para consulta de determinados documentos quando a justificativa é uma pesquisa acadêmica, por exemplo, em determinados registros sequer se consegue saber qual documento antes indexado foi retirado da coleção/pasta pesquisada, como no exemplo exposto na Figura 1.6, a seguir, em que poucas informações são expressas, na justificativa de ausência daquela página.

Figura 1.6 – Relatório de transferência de documento para acesso restrito

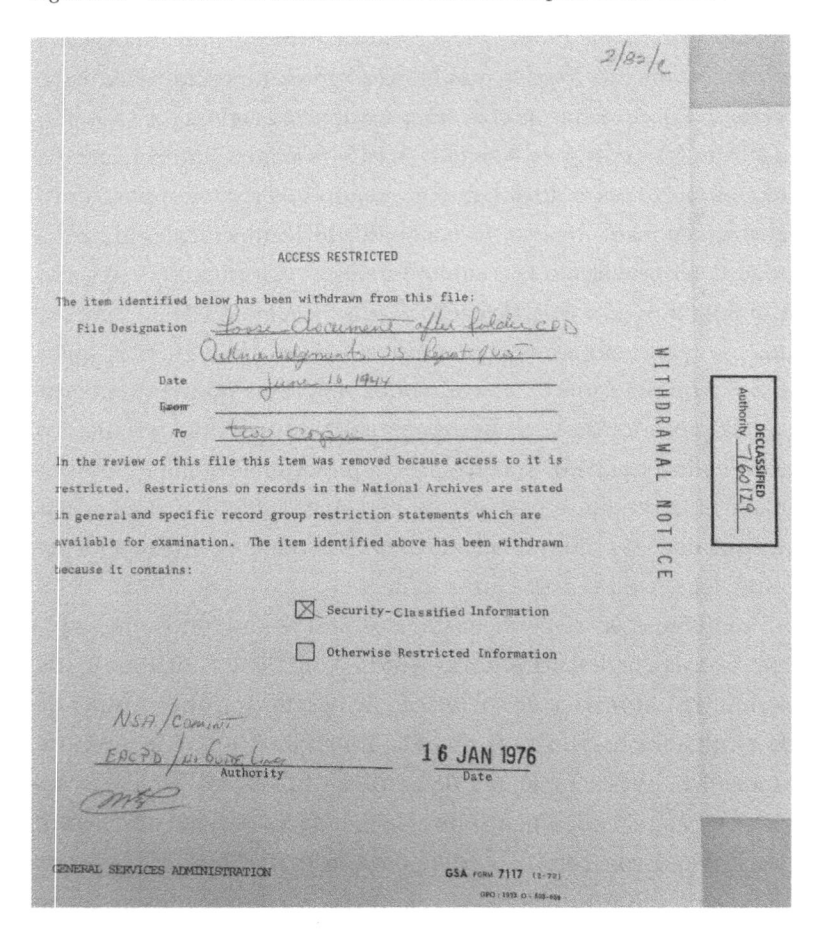

Fonte: Records of Latin American Section 1942-1945, RG (Record Group) 60, Entry 291, Box1, National Archieves. (Acervo Pessoal).

Documentos sigilosos também podem ter acesso restrito, ou seja, não são públicos, mas também não estão inacessíveis. Como indica o documento apresentado na figura anterior, sua classificação de retirada pode ter data para retorno ao grupo de documentos originais a que pertence. No caso, sua permanência como documento restrito é intermediária, provisória.

A tecnologia e o fácil e rápido contato com um universo de informações alteraram essa percepção. Nesse sentido, a questão da transparência se tornou mais relevante do que a suposta salvaguarda de eventuais atritos, ainda que tal postura possa gerar punições, como discutiremos mais adiante.

Todos os eventos históricos que geraram documentos depositados em arquivos físicos ou digitais públicos são submetidos a protocolos reconhecidos internacionalmente. Essas disposições garantem tanto o acesso à informação como a proteção de indivíduos, instituições e nações.

Em 2006, a tecnologia também serviu para revelar outra atividade que estava se desenvolvendo em torno do armazenamento e da divulgação de arquivos considerados secretos. Estamos nos referindo ao WikiLeaks, denominação de que provavelmente você já deve ter ouvido falar ou sobre a qual já deve ter lido nos últimos anos.

Mas o que é o WikiLeaks? Trata-se de uma organização fundada pelo jornalista e ciberativista Julian Assange, que descreve a função de suas atividades como "receber informações de denunciantes, divulgá-las ao público e se defender dos ataques legais e políticos" (Assange, 2013, p. 37). Surgido na Suécia, etimologicamente, o termo se compõe do prefixo *wiki-*, que diz respeito a *websites* colaborativos que permitem edições de seus conteúdos, e do sufixo *-leaks*, que significa "vazamentos". Entretanto, o significado da palavra não traduz a essência dessa organização, pois não é permitida interferência, edição ou colaboração de qualquer usuário da rede em seus *sites*, diferentemente do que ocorre com outros endereços *wiki*[9]. Apenas

---

9   Wikipedia, Wikimedia Commons, WikiBooks, WikiMapa, Wikitravel, Wikinews, entre outros.

os organizadores do WikiLeaks podem editar e divulgar conteúdos em seus domínios. Seus colaboradores, contudo, são muitos, e o anonimato é a base da plataforma.

Até 2007, aproximadamente 1,2 milhão de documentos foram disponibilizados, sendo a maioria confidenciais de países ou de grandes empresas. Documentos textuais ou em outros suportes, como vídeos, compõem esse endereço. Pelo fato de divulgar *e-mails*, documentos oficiais e diversos relatórios que informam sobre aspectos que os países (principalmente os Estados Unidos) consideram sigilosos, a organização conta com inúmeros meios de informação, principalmente periódicos reconhecidos internacionalmente, para divulgar esses dados. Também por essa razão, desde 2016 o WikiLeaks vem sofrendo constantes ataques de *hackers* e passando por vários processos judiciais[10].

O direito à informação e a atuação da tecnologia e do ciberespaço na divulgação do conhecimento ainda geram discussões. Assim, diferentes possibilidades de acesso e limitações judiciais indicam conflitos constantes nesse contexto. A ideia de transparência, no entanto, está presente na maioria dos documentos dos comitês internacionais que discutem esse tema.

No início deste livro, comentamos a respeito da Declaração Universal dos Direitos Humanos e da Constituição brasileira, textos legais que garantem o direito às informações. Para além desses textos legais, a LAI reforça o cumprimento dessa determinação e busca especificar sua inserção nesse contexto de fácil acesso à informação permitido pelas tecnologias atuais.

---

10 *Em 2011, foi lançada a candidatura do WikiLeaks para o Prêmio Nobel da Paz, pelo seu trabalho de divulgação de informações, denúncias de corrupção e crimes etc. No momento de produção deste livro, seu fundador está na iminência de ser extraditado para os Estados Unidos. A página oficial da organização pode ser consultada no seguinte endereço eletrônico: <https://www.wikileaks.org/>. Acesso em: 15 jun. 2020.*

A esse respeito, o Manual da Lei de Acesso à Informação para Estados e Municípios traz em seu conteúdo a afirmação de que

ela representa uma mudança de paradigma em matéria de transparência pública, pois define que o acesso é a regra e o sigilo, a exceção. Qualquer pessoa, física ou jurídica, poderá solicitar acesso às informações públicas, isto é, aquelas não classificadas como sigilosas, conforme procedimento que observará as regras, prazos, instrumentos de controle e recursos previstos. (Brasil, 2013, p. 12)

Sob essa ótica, a cidadania é exercida a partir dessa transparência documental. A fiscalização e a participação na vida pública são elementos que reforçam aspectos democráticos nesse contexto. Até mesmo documentos considerados de segurança que exigem sigilo são elencados, ou seja, o conhecimento da situação do documento é uma informação que pode ser acessada.

Alguns critérios para esse sigilo são arrolados, tais como a capacidade de colocar o país em risco, a ameaça à soberania do país, prejuízos econômicos em negócios nacionais ou internacionais e ameaças à saúde da população. Além disso, informações que comprometam o avanço da ciência, da pesquisa e das Forças Armadas, por exemplo, também entram nessa categoria.

De acordo com o art. 24 da LAI (Brasil, 2011c), são três os níveis de sigilo para documentos:

- informação ultrassecreta (prazo máximo de 25 anos);
- informação secreta (prazo máximo de 15 anos);
- informação reservada (prazo máximo de 5 anos).

Ainda assim, somente os prazos referentes às informações classificadas como ultrassecretas poderão ser prorrogados, limitando-se a uma única vez por igual período, ou seja, 25 anos (Brasil, 2011c).

O acesso à informação pode ser concedido mediante a observação de critérios segundo os quais determinadas pessoas podem ter acesso à informação em questão, mas elas precisam ser credenciadas de acordo com o regulamento.

Neste ponto, cabe-nos perguntar: Quem decide o que é uma informação ultrassecreta ou uma informação reservada? A arquivística estabelece essa categorização por meio de uma tabela em que constam as competências para quem vai definir o que pode ser divulgado e o que precisa ser restrito em termos de informação. A Tabela 1.2 permite visualizar essa hierarquia na tomada dessas decisões.

Tabela 1.2 – Tabela de competências de agente público para a publicação de informações

Autoridade competente	Reservado (5 anos)	Secreto (15 anos)	Ultrassecreto (25 anos)
Governador de Estado	Sim	Sim	Sim
Vice-Governador de Estado	Sim	Sim	Sim
Secretários de Estado e autoridades com mesmas prerrogativas	Sim	Sim	Sim
Titulares de Autarquias, Fundações, Empresas Públicas e SEM	Sim	Sim	Não
Direção de departamento ou de hierarquia equivalente	Sim	Não	Não

Fonte: Rio Grande do Sul, 2018, p. 9.

Em 2019, alterações foram realizadas nessa disposição, tornando possível a delegação de competência na classificação de grau ultrassecreto, conforme previsto no Decreto n. 9.690, de 23 de janeiro de 2019, em seu art. 30, que assim define:

§ 1º É permitida a delegação da competência de classificação no grau ultrassecreto pelas autoridades a que se refere o inciso I do caput *para ocupantes de cargos em comissão do Grupo DAS de nível 101.6 ou superior, ou de hierarquia equivalente, e para os dirigentes máximos de autarquias, de fundações, de empresas públicas e de sociedades de economia mista, vedada a subdelegação. [...]*

§ 3º O dirigente máximo do órgão ou da entidade poderá delegar a competência para classificação no grau reservado a agente público que exerça função de direção, comando ou chefia, vedada a subdelegação.

§ 4º O agente público a que se refere o § 3º dará ciência do ato de classificação à autoridade delegante, no prazo de noventa dias. (Brasil, 2019b)

E com relação à questão da intimidade? Em uma sociedade essencialmente midiática como a nossa, diversos aspectos da vida privada são compartilhados e acessados facilmente. A esse respeito, a Lei n. 13.709, de 14 de agosto de 2018, ou Lei Geral de Proteção de Dados (LGPD), em seu art. 2º, assim determina:

Art. 2º A disciplina da proteção de dados pessoais tem como fundamentos:

I – o respeito à privacidade;

II – a autodeterminação informativa;

III – a liberdade de expressão, de informação, de comunicação e de opinião;

IV – a inviolabilidade da intimidade, da honra e da imagem;

V – o desenvolvimento econômico e tecnológico e a inovação;

VI – a livre iniciativa, a livre concorrência e a defesa do consumidor; e

VII – os direitos humanos, o livre desenvolvimento da personalidade, a dignidade e o exercício da cidadania pelas pessoas naturais. (Brasil, 2018b)

Com relação ao trabalho do pesquisador, a mesma lei estabelece, em seu art. 4º:

Art. 4º Esta Lei não se aplica ao tratamento de dados pessoais:

I – realizado por pessoa natural para fins exclusivamente particulares e não econômicos;

II – realizado para fins exclusivamente:

a) jornalístico e artísticos; ou

b) acadêmicos, aplicando-se a esta hipótese os arts. 7º e 11 desta Lei;
(Brasil, 2018b)

Esse consentimento tem suas exceções, como no caso de tratamentos médicos, por exemplo. A legislação nacional apresenta um rol de penalidades impostas tanto no caso da negação da informação como no caso do uso indevido de informações, como evidenciam os arts. 154 e 269 do Código Penal brasileiro:

Art. 154. Revelar alguém, sem justa causa, segredo de que tenha ciência, em razão de função, ministério, ofício ou profissão, e cuja revelação possa produzir dano a outrem.

Pena – detenção de 3 meses a um ano ou multa de um conto a dez contos de réis.

Parágrafo único. Somente se procede mediante representação.

[...]

Art. 269. *Deixar o médico de denunciar à autoridade pública doença cuja notificação é compulsória:*

Pena – detenção de seis meses a dois anos, e multa. (Brasil, 1940)

No campo da pesquisa biográfica, a LAI é igualmente relevante. Nenhuma censura prévia pode ser exercida em relação à publicação de biografias, por exemplo. Ainda que em 2012 alguns artistas tenham se organizado em uma associação denominada Procure Saber[11], qualquer tentativa de censura foi descartada pela Justiça nacional.

Um fato relevante para o universo arquivístico ocorreu em 10 de junho de 2015, quando o Supremo Tribunal Federal (STF) julgou a Ação Direta de Inconstitucionalidade (ADI) 4815, baseada no Projeto de Lei n. 393/2011, que indicava a necessidade prévia de autorização para a publicação de biografias no Brasil (Brasil, 2015). Esse julgamento foi fundamental para garantir a liberdade de expressão, de pesquisa e de conhecimento. Essencial para o bom funcionamento do arquivo, essa liberdade é necessária nesse meio. Arquivos já têm legislação e organização determinadas que procuram proteger os documentos que eventualmente exponham o indivíduo, e a Constituição Federal não admite a censura eterna a esses acervos. Sob essa ótica, lembramos que é função das instituições arquivísticas preservar essas coleções e permitir o acesso a esse material.

---

11 *A Associação Procure Saber (APS) foi criada por iniciativa da produtora Paula Lavigne, em 2012, com o objetivo de mobilizar a classe artística em torno das garantias dos direitos autorais no que diz respeito à reprodução de mídias e tecnologias contemporâneas. Em 2013, o grupo de artistas iniciou uma campanha contra as biografias não autorizadas. Essa ênfase provocou o desgaste da associação, que atualmente voltou a debater e reivindicar o controle financeiro dos artistas sobre suas obras.*

Um dos casos que ilustram como batalhas jurídicas podem tentar burlar essa legislação que compromete a pesquisa e o avanço do conhecimento é o caso referente ao cantor brasileiro Roberto Carlos. O historiador Paulo César de Araújo publicou, em 2006, a obra *Roberto Carlos em detalhes*, uma biografia sobre esse importante representante da música popular brasileira. Os advogados do artista conseguiram na Justiça que todos os livros fossem recolhidos e a obra, censurada. Atualmente, os exemplares estão armazenados em um galpão alugado pela editora então responsável pela publicação e não podem ser comercializados. Todo esse processo foi transformado em livro pelo mesmo historiador e publicado em 2014, agora com o título *O réu e o rei: minha história com Roberto Carlos, em detalhes*, uma alusão à forma como Roberto Carlos é tratado pela crítica musical (Araújo, 2014).

O Código Civil brasileiro, em seu art. 20, assim dispõe sobre a divulgação de textos de uma imagem pública:

> *Art. 20. Salvo se autorizadas, ou se necessárias à administração da justiça ou à manutenção da ordem pública, a divulgação de escritos, a transmissão da palavra, ou a publicação, a exposição ou a utilização da imagem de uma pessoa poderão ser proibidas, a seu requerimento e sem prejuízo da indenização que couber, se lhe atingirem a honra, a boa fama ou a respeitabilidade, ou se se destinarem a fins comerciais.* (Brasil, 2002)

Eventualmente, um ou outro aspecto de biografias gera disputas nos tribunais, e a LAI é constantemente acessada para defesa ou ataque a esse tipo de obra. É importante ressaltar como a tecnologia e os compartilhamentos de documentos em repositórios digitais, que discutiremos adiante, são fundamentais para garantir grande parte desses trabalhos.

Nesse contexto, a Hemeroteca Digital da Biblioteca Nacional, grande repositório de periódicos brasileiros, já citada, é uma dessas ferramentas essenciais. Muitas das polêmicas levantadas em relação às biografias de celebridades atestam que, muitas vezes, os pesquisadores "inventam" informações. Eventos públicos em que possivelmente tais afirmações ou situações ocorriam eram publicados pela mídia. Dessa forma, a "comprovação" de tais afirmações pode ser realizada mediante a consulta a esse tipo de arquivo.

Se vivêssemos no passado, não teríamos mais acesso a tais informações, certo? Afinal de contas, quem consegue guardar jornais e revistas de dez anos atrás? Por isso, muitas dessas pesquisas biográficas recolhem essas informações dos periódicos. Até mesmo a interpretação exposta pelos autores das biografias pode ser confrontada facilmente diante da disponibilidade desses arquivos *on-line*. Nesse sentido, a segurança para a pesquisa e para o acesso ao conhecimento é um elemento fundamental para o exercício da cidadania.

Recentemente, a questão da eliminação do documento digitalizado surgiu como uma nova perspectiva para a gestão da informação por parte das instituições arquivísticas. Em face da ideia de permanência dos suportes digitais existentes, aliada a uma ideia de corte de custos, a discussão sobre essa alternativa gerou debates intensos entre as instituições administrativas e os arquivistas.

O órgão central do Sistema de Gestão de Documentos de Arquivo (Siga), do qual o Arquivo Nacional é integrante, recomenda que não haja a destruição desses documentos digitalizados (Figura 1.7).

Figura 1.7 – Imagem da campanha para esclarecimento sobre o documento digital

> **Documento digitalizado não pode ser eliminado**
> Um documento digitalizado é diferente de um documento nato digital.
> A preservação a longo prazo de um documento original em suporte papel que foi digitalizado é imprescindível como fonte de prova.

SIGA – Ministério da Justiça e Segurança Pública

Em sua página oficial, o órgão destaca a diferenciação entre o documento digitalizado e o documento digital nato como elementos que requerem procedimentos arquivísticos distintos. Em virtude da dimensão da problemática, campanhas de esclarecimento foram lançadas em defesa da regulamentação arquivística.

Síntese

Neste capítulo, explicamos que os documentos surgiram da necessidade de registrar aspectos da memória das sociedades para evitar seu esquecimento. Assim, desde os registros nas cavernas até as planilhas digitais, passando por bilhetes em agendas escolares ou recibos de compra de combustível, os documentos vêm fazendo parte das sociedades, revelando sua constituição e complexidade. Logo, seria impossível guardar todos os documentos gerados em uma única existência, em um Estado ou em uma instituição. Por isso, sempre devem ser definidos critérios para estabelecer o que é relevante ou não para a manutenção de um documento.

Também ressaltamos que todo documento tem uma historicidade, ou seja, o que era classificado como relevante ou sigiloso em determinado momento pode ser definido como irrelevante em outro contexto. Além disso, os documentos podem ser classificados com base em suas características e propriedades, bem como em sua origem, sua intenção ou seus suportes. Dessa forma, é a natureza dos documentos que os distingue entre sigilosos e públicos.

Vimos, ainda, como uma gestão documental é essencial para a preservação das informações. Nessa direção, ferramentas como a Lei de Acesso à Informação (LAI), de 2011, permitem que a cidadania plena seja observada, ao declarar o tempo de sigilo dos documentos e suas variações. Destacamos, por fim, que conhecer a legislação é um ponto fundamental para o pesquisador que trabalha em arquivos, pois nela constam princípios que devem ser respeitados por toda a sociedade.

Indicações culturais

Filmes

KFZ-1348. Direção: Gabriel Mascaro e Marcelo Pedroso. Brasil, 2008. 82 min.

Esse documentário parte de documentos sobre um carro (um fusca de 1965) que passou por diversos proprietários. O roteiro acompanha 40 anos de documentação do veículo e conta com depoimentos de seus oito ex-proprietários, até que, em 2008, o carro foi mantido em um ferro-velho, na cidade de Recife. Trata-se de uma excelente reflexão sobre a possibilidade da pesquisa com documentos tidos como "menores".

ALERTA lobo = LE CHANT du loup. Direção: Antonin Baudry. França, 2019. 116 min.

Nesse filme, um submarista francês, especialista em detectar outros submarinos pela audição acurada, comete um erro e perde a confiança de seus superiores. Para reverter essa situação, ele parte em busca de arquivos e documentos sobre submarinos desativados, por meio dos quais reconquista seu cargo. Essa produção destaca a importância dos documentos, mesmo de equipamentos "desativados", para a compreensão de problemas e situações reais.

Livros

DEL PRIORE, M. **Documentos históricos do Brasil**. São Paulo: Panda Books, 2016.

A historiadora Mary Del Priore se utiliza de documentos clássicos da história do Brasil, como a Carta de Pero Vaz de Caminha, o Manifesto do Fico, a Carta do Duque de Caxias à esposa durante a Guerra do Paraguai, a Carta-Testamento de Getulio Vargas e o AI-5, para buscar entender a constituição da memória e da cultura da nação brasileira. Todos os documentos citados em sua obra apresentam uma reprodução *fac-símile*, reforçando a importância desse objeto.

SAMARA, E. de M.; TUPY, I. S. S. T. **História & documento e método de pesquisa**. Belo Horizonte: Autêntica, 2007.

Com o objetivo de compreender a relação primordial do fazer histórico, ou seja, a relação do historiador com o documento histórico, as autoras analisam a historicidade do documento e, também, desenvolvem uma tipologia de fontes documentais, envolvendo critérios de crítica de documentos, além de oferecerem uma abordagem prática do documento para a pesquisa histórica.

Atividades de autoavaliação

1. Quais foram os primeiros documentos encontrados na história da humanidade?
   a) Os hieróglifos egípcios.
   b) Os manuscritos dos gregos.
   c) Documentos registrados em argila.
   d) Os pergaminhos do Mar Egeu.
   e) Os manuscritos bíblicos.

2. Considerando o que apresentamos sobre a escrita neste capítulo, avalie as assertivas a seguir:
   I) Os arqueólogos encontraram na região de Uruk, na Mesopotâmia, registros escritos que seriam uma forma de simplificação para o comércio.
   II) Os primeiros registros escritos se referiam a questões religiosas.
   III) Nos primórdios da humanidade, a escrita assumiu uma padronização importante para a compreensão de uma parcela da população letrada e que poderia ser compreendida pelas gerações futuras. Ou seja, o poder sempre esteve presente em relação ao domínio desses padrões.
   IV) Os únicos suportes possíveis para a escrita foram identificados nos papéis.

Agora, assinale a alternativa que apresenta a sequência obtida:
a) V, V, V, F.
b) V, F, V, F.
c) F, F, F, V.
d) F, V, F, V.
e) V, F, F, V.

3. Com relação à classificação de um documento com base nas informações nele contidas, assinale a alternativa que apresenta uma categoria válida:
a) Urgente.
b) Público.
c) Burocrático.
d) Digital.
e) Pessoal.

4. Um documento passa por fases distintas. Assinale a alternativa que **não** se refere adequadamente a essas fases:
a) A forma como é produzido e classificado por quem o gerou marca a primeira fase na vida de um documento.
b) São quatro as fases de um documento: origem, passagem para outra instituição, incorporação a um novo acervo e descarte do documento após um século de guarda.
c) Na terceira fase de um documento, nem sempre a classificação e a organização originais são respeitadas pela instituição receptora.

d) Nem sempre as instituições arquivísticas recebem um fundo em sua integridade, e diversos fatores podem provocar a fragmentação de um acervo.

e) Um documento pode passar da fase de sigiloso para público, conforme as transformações do contexto e segundo critérios da instituição de guarda.

5. O arquivista francês Yves Pérotin, ao teorizar sobre a ciência arquivística, elaborou elementos de classificação dos documentos. Sobre suas definições acerca do documento, indique a alternativa correta:

a) Os documentos apresentam três fases: a primeira composta pelos arquivos correntes, a segunda, pelos arquivos intermediários, e a terceira, pelos arquivos permanentes.

b) Cinco são as fases dos documentos: sua origem corresponde à primeira fase; o cumprimento de sua função diz respeito à segunda; a terceira fase se refere ao arquivamento do documento que já não é mais importante; a quarta fase está relacionada ao papel histórico do documento; e, por fim, a quinta está vinculada ao descarte do documento.

c) A elaboração de Pérotin foi pensada em um momento em que a arquivística estava no mesmo patamar profissional da biblioteconomia, e as duas áreas eram equivalentes.

d) Pérotin só influenciou a arquivística francesa, e seus métodos nunca foram adotados no Brasil.

e) Pérotin elaborou essa divisão dos documentos no final do século XIX. Por isso, sua importância é apenas de cunho histórico para a arquivística.

Atividades de aprendizagem

Questões para reflexão

1. Para realizar esta atividade, acesse o *link* a seguir e faça uma visita virtual ao arquivo do Instituto Moreira Salle. Com base na noção de documento, reflita sobre como a ampliação desse conceito pode ser apresentada na experiência do pesquisador atualmente e de que forma esse tipo de acervo contribui para reforçar diferentes possibilidades de pesquisa.

   IMS – Instituto Moreira Salles. **Acervos**: música. Disponível em: <https://ims.com.br/acervos/musica>. Acesso em: 15 jun. 2020.

2. Ainda considerando os arquivos sonoros, você já pensou em consultar um dicionário *on-line* que apresenta informações sobre artistas brasileiros de todos os estilos musicais? Faça uma consulta ao Dicionário Cravo Albin da Música Popular Brasileira e reflita sobre as seguintes questões: Quando o acervo foi criado? Como é a classificação dos verbetes nesse *site*?

   DICIONÁRIO CRAVO ALBIN DA MÚSICA POPULAR BRASILEIRA. Disponível em: <http://dicionariompb.com.br>. Acesso em: 5 jun. 2020

Atividade aplicada: prática

1. Acesse o *site* do Arquivo Nacional, na seção "Documentos Históricos", escolha um documento e estabeleça os critérios de interpretação. Você pode também fazer seu cadastro na página do Sistema de Informações do Arquivo Nacional e ter acesso a outros documentos disponibilizados *on-line*. O importante nessa prática é pesquisar a origem do documento, o contexto de sua produção e sua relevância para a história.

BRASIL. Ministério da Justiça e Segurança Pública. Arquivo Nacional. **Documentos históricos**. Disponível em: <http://www.arquivonacional.gov.br/br/consulta-ao-acervo/45-servicos-ao-cidadao/735-documentos-historicos.html>. Acesso em: 15 jun. 2020.

CAPÍTULO 2
O arquivo e a arquivologia

*Ainda bem que acabamos com isto. Era tempo.
Embora queimemos todas as leis, decretos e avisos,
não poderemos acabar com os atos particulares,
escrituras e inventários, nem apagar a instituição
da história, ou até da poesia.*
(Machado de Assis, 1985, p. 56)

Quando pensamos sobre os registros humanos primitivos até a invenção da escrita, podemos deduzir que algumas dessas marcas também foram preservadas ou conservadas pelas sociedades antigas. Mas será que esses foram os primeiros arquivos de que temos conhecimento? Provavelmente sim, se considerarmos arquivos como espaços de guarda de documentação.

Ao longo do tempo, as mudanças nos suportes informacionais exigiram adaptações em relação à guarda desses registros, pois diferentes suportes requerem diferentes organizações, no que se refere tanto ao aspecto físico (pergaminho, argila, madeira ou papel, por exemplo) quanto ao armazenamento de objetos e símbolos textuais.

Neste capítulo, portanto, discutiremos como surgiu a necessidade de as sociedades criarem seus arquivos e de que maneira o arquivo e a arquivística sofreram transformações ao longo do tempo.

(2.1)
Para que serve um arquivo

Em termos etimológicos, *arquivo* remete à função associada a essa denominação: do grego *archon, archeion* (depósito de documentos) para o latim *arcivium*. Essa importante dimensão demandou a constituição de uma disciplina específica para sua consolidação: a arquivologia.

O Conselho Nacional de Arquivos (Conarq) conceitua a arquivologia como uma "disciplina que estuda as funções do arquivo e os princípios e técnicas a serem observados na produção, organização, guarda, preservação e utilização dos arquivos, também chamada de arquivística" (Conarq, 2005, citado por Pereira; Silva, 2016, p. 25).

Provavelmente, você já ouviu a expressão *arquivística*, que pode ser utilizada da mesma forma que o termo *arquivologia*. Ambos têm o mesmo significado e fazem referência ao ramo do saber que procura apreender a natureza dos arquivos, sua constituição, seu processo de formação, bem como as teorias relativas ao tema e os métodos correspondentes (Pereira; Silva, 2016).

No *Dicionário brasileiro de terminologia arquivística*, arquivo é definido como um conjunto de documentos que, independentemente da natureza ou do suporte, são reunidos por acumulação ao longo das atividades de pessoas físicas ou jurídicas, públicas ou privadas (Brasil, 2005a). Para ter essa guarda dos documentos, critérios são estabelecidos para sua atividade.

Para Pereira e Silva (2016, p. 37), a arquivologia é uma "instituição ou serviço que tem por finalidade a custódia, o processamento técnico, a conservação e o acesso a documentos" ou, ainda, "um conjunto de documentos oficialmente produzidos e recebidos por um governo, organização ou firma, no decorrer de suas atividades, arquivados e conservados por si e seus sucessores para efeitos futuros" (Pereira; Silva, 2016, p. 37).

O trabalho do arquivista não é solitário. Toda a função de catalogar, preservar e organizar um documento é auxiliada por outras disciplinas que contribuem para essa tarefa. Portanto, o arquivo é um espaço multidisciplinar. Nesse sentido, bibliotecários, historiadores, gestores de informação e diversos outros profissionais auxiliam no trabalho realizado em um arquivo. Porém, o arquivista é o protagonista desse espaço, porque responde pelo conjunto do acervo, assim como por seu planejamento e sua implantação.

Neste ponto de nossa abordagem, você pode ainda estar se perguntando: Para que serve um arquivo? Se toda a informação produzida pelo homem pode ou não ser preservada, de que maneira isso pode ser organizado para uma consulta futura? É nesse contexto que se destaca o objetivo primordial da arquivologia, ou seja, a organização da informação registrada a partir de uma lógica própria.

Essa lógica é definida com base em uma tipologia documental, essencial para que uma informação buscada seja encontrada e cumpra seu papel de comprovação ou elucidação de algum problema da sociedade. No entanto, nem sempre as sociedades organizaram seus arquivos da mesma forma.

A arquivologia tem uma história, durante a qual se desenvolveu um processo de constituição dessa área do saber. Se atualmente podemos ter arquivos em nossos dispositivos digitais organizados segundo critérios que podem ser básicos, como temporalidade, temática ou relevância pessoal, no passado a diversidade das formas possíveis de organização de acervos também era significativa.

De maneira geral, Pereira e Silva (2016, p. 26) dividem a formação dos arquivos em: palacianos; eclesiásticos; do Estado e dos exércitos; e universais, também administrativos.

Cada uma das épocas às quais essa classificação se refere, conforme as autoras, tinha dinâmicas específicas de organização arquivística. Em comum, os exemplos indicados apresentavam em seus primórdios uma relação distinta com os arquivos. E quando tais objetos poderiam ser consultados pelas pessoas comuns? Talvez essa seja a principal questão a ser discutida em relação a tais épocas.

Na realidade, as informações não teriam a função de serem relatadas para a sociedade mais ampla. Essa relação entre a cidadania e o conhecimento do passado partiria das fontes e dos documentos. Nesse sentido, a informação esclarecia algum aspecto, e manter essa referência era, simultaneamente, uma forma de não esquecer e uma tentativa de não perder esse conhecimento.

Os arquivos existentes antes do período moderno tinham a função de guarda de documentação gerada por pessoas que tinham relevância no sentido de ocuparem postos públicos ou serem muito influentes nas sociedades às quais pertenciam. Assim, percebemos que, em sua origem, toda a questão de poder relacionada tanto à escrita como à arquivística foi imprescindível na formação das sociedades. Um dos aspectos do exercício do poder diz respeito ao domínio do padrão de comunicação escrita e da comprovação de tais informações ou negociações por meio de uma organização desses dados.

Esse foi o cenário do surgimento do arquivo, cuja origem podemos ser localizada entre os séculos V e VI a.C. Nesse momento, sua função ainda esteve atrelada às informações de camadas influentes das sociedades. Assim, só podiam ser preservados e organizados os documentos do setor dirigente de determinada sociedade, contemplando-se feitos, realizações e ideias dessa camada que deveriam ser transmitidos para as gerações futuras.

O arquivo era o espaço para a tomada de decisões governamentais, aspecto que mais tarde foi assimilado pelos romanos, que se referiam ao local como *tabularium*, o lugar em que as tábuas contendo essas informações eram guardadas. De acordo com Lousada (2017, p. 24), o *tabularium* era o reconhecimento da autoridade máxima de um Estado hierarquizado e burocrático, pois ele "desempenhava a função de arquivo central, já com a importância de um serviço público".

Você pode se perguntar, diante do significado do Império Romano para a história, qual foi a diferença entre possuir ou não um arquivo. Esse aspecto aparentemente banal contribuiu enormemente para que os objetivos de dominação dos romanos fossem alcançados. Toda a organização dos territórios conquistados seguia as determinações de Roma, e os gestores dessa documentação permitiam a organização e a fácil consulta das informações quando solicitadas (Le Goff,

1990)[1]. Eram arquivos públicos no sentido de que a documentação que estava sob custódia tinha garantia de veracidade pelo governo (Lousada, 2017).

Nesse momento, tornou-se comum o ato de acumular e consultar documentos pelos mesmos sujeitos, sem a intervenção de outros agentes. Com relação ao período medieval, algumas transformações podem ser destacadas. A própria configuração social, em que o poder estava fragmentado entre senhores feudais, sugeria uma conceituação lógica de que a centralização de documentação não era mais obrigatória.

O que isso significa para a história da arquivística? Em um primeiro momento, todo esse registro administrativo foi perdido, pois esses dados, desagregados, não tinham padronização em sua organização. Em um segundo momento, era possível identificar os arquivos, mas sua localização havia sido movida para dentro de conventos e de igrejas.

Como a Igreja detinha o monopólio da educação, dos registros de nascimento e óbito, logo começou a exercer a função cartorária, ficando sob sua custódia os registros sobre posse da terra. Essa situação permaneceu assim até praticamente a formação dos Estados nacionais.

Convém lembrar que, mesmo no Brasil, quando em 1850 foi aprovada a Lei de Terras, o registro das propriedades privadas era feito nas paróquias. Em meados do século XIX, ainda não havia cartórios ou instituições públicas nas distantes províncias capazes de arquivar tais registros (Motta, 1998). Apenas com a Proclamação da República,

---

1 *Le Goff (1990), sobre a queda do Império Romano, destaca o saque e a destruição empreendidos pelos visigodos e a longa agonia vivida na tomada de Roma em 410. O aniquilamento compulsório de todo esse sistema e burocracia decretou a perda dessa memória organizada e mantida nessas instituições.*

em 1889, e com a separação entre o Estado e a Igreja, em 1891, essa documentação passou a ser arquivada por instituições públicas.

Ainda com relação ao período medieval, como dependiam de copistas e poucos letrados, os documentos ou acervos documentais sob guarda não eram tão volumosos. Assim, grandes acontecimentos, como descobrimentos, batalhas, guerras e tratados, eram registrados e conservados, mas essa produção ainda era restrita. Cabe ressaltar que, ao longo do processo de formação dos Estados nacionais, houve um estímulo à criação de arquivos estatais – exemplo disso é o Arquivo Nacional Torre do Tombo, em Lisboa, criado em 1324.

Com a invenção da prensa por Johannes Gutenberg, a facilidade em produzir e reproduzir se tornou um marco na história da arquivística. A partir desse momento, a produção em larga escala de imagens, mapas e textos possibilitou a geração de acervos consideráveis.

De acordo com Pereira (2013), a Reforma Protestante, iniciada em 1517, representou outro desses momentos cruciais para a ampliação da massa documental que correspondeu necessariamente a uma redefinição de seu espaço de armazenamento e consulta. É preciso lembrar que, até aquele momento, a Igreja Católica mantinha em seu poder o monopólio de todos os registros marcantes da vida dos indivíduos (registros de casamentos, nascimentos, vivências religiosas e mortes). A divisão dessa instituição marcou profundamente não só a forma de organizar não apenas essas informações, mas também outras que passaram a ser valorizadas pelos adeptos da nova Igreja (Pereira, 2013).

O século XVI marcou a consolidação de um ofício: o do arquivista oficial da corte. O absolutismo predominante nessa fase, caracterizado pela centralização de poder, precisava de documentações arquivadas, de modo a reforçar que a propriedade dos acervos documentais era do monarca (Lousada, 2017)

Sob essa ótica, momentos de ruptura são riquíssimos para a compreensão das transformações e da formação de novas estruturas. O maior exemplo disso foi a Revolução Francesa, em 1789. Nesse momento, o Estado passou a ser visto como responsável pelo bem-estar e pela garantia de direitos de seus cidadãos. Não haveria mais um rei acima de todas as tramas do cotidiano humano. O governante não recebia mais o poder por uma questão divina, e os homens eram iguais diante da lei. Na manutenção da documentação nesse momento caótico, foi sublinhada a força e o poder dos arquivos, os quais tinham caráter público e a função de guardar, zelar e permitir que, quando necessário, as informações fossem confrontadas e justificassem as atitudes em prol do bem comum do Estado.

As características gerais dessa arquivística marcaram um aprimoramento administrativo. Uma das funções do arquivo era justamente contribuir para o êxito administrativo, momento em que maior documentação era gerada, ampliações do espaço físico também seriam necessárias para a correta organização dessas informações.

Dessa forma, as técnicas arquivísticas foram transformadas conforme as necessidades desse novo momento. Durante o século XIX, o positivismo se configurou como um pensamento de grande impacto social. Em sua concepção, ele valorizava os documentos, e sua veracidade e posição precisavam ser aferidas pela paleografia, pela diplomática e também pela arquivística. Mais tarde, a história metódica reforçaria esse posicionamento e valorizaria mais ainda o documento. Nesse sentido, para Reis (2006), além de garantir os direitos da nação, os arquivos gerenciam a memória do passado, valorizando a história como seu objeto privilegiado e deixando de lado a administração.

Essa tendência em relação ao posicionamento dos arquivos na administração pública e para o Estado sofreu uma ruptura drástica com a Primeira Guerra Mundial (1914-1919). Se não bastasse esse evento traumático, a Segunda Guerra Mundial (1939-1945), também catastrófica, contribuiu para novas transformações gerais.

A arquivística foi igualmente atingida por essa nova fase, em que a história deixou de ser a protagonista nos arquivos e o documento no setor administrativo passou a merecer todo o esforço de construção de uma ciência, com métodos e técnicas, teoria e legislação próprias. A questão da memória da humanidade, essencial na constituição dos arquivos, também não foi desprezada. Pelo contrário, ao fim das guerras, os países vencedores procuraram discutir formas de ações conjuntas entre as nações para as garantias da existência desse setor.

Discussões coletivas para o entendimento dos povos foram, de fato, encaminhadas com a criação da Organização das Nações Unidas (ONU), em 1948. Nesse ambiente, todas as dimensões da vida humana foram contempladas com decisões conjuntas ou, pelo menos, esse tipo de acordo foi iniciado de maneira sistemática. Logo, segurança, trabalho, saúde e alimentação foram alguns dos setores que receberam comitês específicos para ações em conjunto.

A memória, aspecto essencial da cultura dos povos, não ficou de fora desse cenário. Eventos trágicos como as guerras recém-citadas também estimularam a necessidade de elaboração de um trabalho mais amplo de preservação, por meio da padronização de instituições de guarda como arquivos, a partir de 1950. Outro elemento que deve ser destacado nesse momento diz respeito à questão tecnológica, que envolveu elementos com origens diversas os quais também contribuíram para que tais conquistas fossem expandidas para o setor de preservação dos acervos documentais.

No dia 9 de junho de 1948, a Organização das Nações Unidas para a Educação, a Ciência e a Cultura (Unesco) criou o International Council on Archives – ICA (Conselho Internacional de Arquivos).

Nesse mesmo dia é celebrado o Dia Internacional dos Arquivos. A data tem a função de divulgar a importância dos arquivos para a administração pública e a sociedade. No entanto, a instituição da data pela Assembleia Geral do ICA foi realizada em Quebéc, no Canadá, apenas em novembro de 2007. Esse contexto histórico das celebrações demonstra que são recentes o reforço da relevância social dos arquivos e a preocupação em destacar sua função para o coletivo. A visibilidade do arquivo se tornou, assim, uma luta inerente à atuação dos profissionais desse meio.

O ativismo pela importância dos arquivos também foi evidenciado por outro momento marcante: a Assembleia Geral do ICA, em 17 de setembro de 2010, em Oslo, na Noruega. Nesse momento, foi estabelecida a Declaração Universal sobre os Arquivos. Esse documento indica que

> *Arquivos registram decisões, ações e memórias. Arquivos são um património [patrimônio] único e insubstituível transmitido de uma geração a outra. Documentos de arquivo são geridos desde a criação para preservar seu valor significativo. Arquivos são fontes confiáveis de informação para ações administrativas responsáveis e transparentes. Desempenham um papel essencial no desenvolvimento das sociedades ao contribuir para a constituição e salvaguarda da memória individual e coletiva. O livre acesso aos arquivos enriquece o **conhecimento** sobre a sociedade humana, promove a **democracia**, protege os **direitos** dos cidadãos e aumenta a **qualidade** de vida.* (Declaração..., 2010, grifo nosso)

Todos os documentos produzidos pelos organismos ligados à Unesco representam centenas de profissionais que buscam sensibilizar os países participantes sobre a necessidade de ações conjuntas e de melhoria na conservação desses acervos. O entendimento nesse âmbito é o de que a guarda do patrimônio cultural permite o exercício pleno da democracia por parte de toda a população. Assim, conhecer o próprio passado é um dos sustentáculos da cidadania plena a que todos os indivíduos têm direito.

Ainda que tais documentos, em sua origem, se mostrem como tratados de intenções, a ação dos eixos contemplados nessas discussões visa atingir todos os países-membros da Unesco. Nesse viés, a contribuição é universal porque cada um dos estudos que embasam a Declaração Universal sobre os Arquivos parte de realidades distintas e procura valorizar toda a diversidade que pode ser encontrada nas múltiplas culturas.

(2.2)
TIPOLOGIA

Como já destacamos, a arquivologia é caracterizada como uma ciência documentária e interdisciplinar cujo objeto de estudo é o documento. Assim, a missão do arquivista é conservar e disponibilizar os acervos.

A arquivologia apresenta princípios específicos, entre os quais citamos:

- proveniência;
- respeito aos fundos;
- organicidade;
- integridade ou indivisibilidade;
- cumulatividade;
- ordem original;
- territorialidade.

No *Dicionário brasileiro de terminologia arquivística*, a **proveniência** é definida como "princípio básico da **arquivologia** segundo o qual o **arquivo** produzido por uma **entidade coletiva**, pessoa ou família não deve ser misturado aos de outras **entidades produtoras**. Também chamado princípio do respeito aos fundos" (Brasil, 2005a, p. 136, grifo do original). Esse princípio estipula que determinados acervos sejam mantidos em grupo a partir da origem de sua produção ou agregação em um arquivo.

Essa característica é articulada com o aspecto referente ao **respeito aos fundos**. Essa expressão pode aparecer em francês como *respect des fonds*. Mas o que seriam os fundos? Para Miranda (2009), fundo é um conjunto de documentos de uma mesma proveniência, termo que equivale a *arquivo*, também referido como *núcleo*. São exemplos: o Fundo Sérgio Buarque de Holanda, na Universidade Estadual de Campinas (Unicamp); o Fundo Clarice Lispector, na Fundação Casa de Rui Barbosa; o fundo Ernesto Geisel, no Centro de Pesquisa e Documentação de História Contemporânea do Brasil da Fundação Getulio Vargas (CPDOC/FGV).

O princípio da **organicidade** estabelece a forma, o gênero, o tipo ou o suporte dos documentos. Assim, os documentos de arquivo conservam seu caráter único em função do contexto em que foram produzidos (Silva, 2006).

Já a **integridade** diz respeito justamente à não fragmentação do acervo, que não pode ser dispersado ou conter elementos adicionados. Por sua vez, o princípio da **cumulatividade** se refere à não artificialidade no processo de formação do arquivo. Sua constituição é natural, contínua e progressiva, especialmente quando se consideram documentos administrativos, por exemplo; em virtude disso, o arquivo deve apresentar uma coerência que lhe seja inerente.

A **ordem original** equivale ao princípio pelo qual a ordem do arquivo, fornecida por seu proprietário, pela família ou pela empresa que o construiu, deve ser mantida e respeitada.

Por fim, o princípio da **territorialidade** também se refere à contextualização, pois os arquivos públicos de determinado território devem seguir seus destinos adequados.

Para o antropólogo Celso Castro (2008), a cada tipo de documento corresponde uma instituição específica de guarda. As instituições de guarda compreendem arquivos, museus e bibliotecas. Porém, mesmo museus e bibliotecas possuem seus arquivos, sendo que estes podem existir em quaisquer instituições. Nesse sentido, até o que guardamos hoje em nossos dispositivos móveis merece o nome de *arquivo*.

Perceba que tudo o que você guarda, considerando-se também a maneira como isso é feito, evidencia o filtro e a categorização que você aplicou aos seus arquivos. Assim, fotos da família, com amigos, materiais para o trabalho, pastas relacionadas ao estudo etc. demonstram que os arquivos estão presentes em toda a existência moderna. Jogos eletrônicos ou seriados preferidos também podem estar organizados em uma pasta chamada *arquivo*. Diante disso, a polivalência desse termo indica que diferentes suportes e temáticas merecem formas específicas de conservação.

Aqui não estamos nos referindo apenas a documentos textuais, mas também aos demais suportes. Um arquivo pode ser um local de guarda de artefatos pré-históricos, vestimentas, objetos de trabalho, objetos de pesquisa de qualquer tipo etc. Bibliotecas e museus se configuram como instituições colecionadoras. Mas o que isso significa? Tais instituições se caracterizam por uma especialidade, por meio da compra, doação e permuta de objetos.

Na maioria dos casos, museus têm uma temática (museu de arte indígena, por exemplo). Por sua vez, bibliotecas possuem diversos livros e manuscritos de diversas edições e autores. Assim, um arquivo pode receber de uma mesma origem tanto objetos como livros e manuscritos.

Para exemplificarmos esse ponto, podemos citar o caso do arquivo do historiador Sérgio Buarque de Holanda, que não foi enviado apenas com suportes de papel. A poltrona do autor de *Raízes do Brasil*, sua mesa de trabalho e outros objetos de decoração de seu escritório acompanharam essa incorporação. Trata-se, portanto, de um conjunto diverso de artefatos que precisam ser organizados nessas instituições arquivísticas.

Em um museu, as poltronas ficariam no setor de móveis, tanto em uma exposição como na reserva técnica do espaço. Já os livros seriam acomodados por temas em uma biblioteca tradicional, que não teria espaço ou funcionalidade para os móveis, por exemplo.

Não podemos esquecer que os arquivos também apresentam sua organicidade em relação à sua linha de acervo. Isso é mais comum em arquivos privados empresariais. Também encontramos exemplos dessa organicidade em arquivos públicos. Um desses arquivos é o Centro de Documentação da Aeronáutica (Cendoc), instituição que contempla o acervo da Força Aérea Nacional e reúne diversos arquivos dessa temática. O fundo Santos Dumont, o inventor da aviação, está presente nesse acervo.

Outra diferença reside na consulta a esse acervo. Se uma pesquisa sobre determinado tema precisar de manuseio e análise de um artefato ou documento em um museu ou em uma biblioteca, essa aproximação será diferente em relação aos documentos que estão mantidos sob a guarda de um arquivo.

A esse respeito, já comentamos sobre a biblioteca, que permite que a maior parte ou quase a totalidade de seu acervo seja transportada por empréstimos. Porém, um museu dificilmente permitiria isso e, no caso de um arquivo, isso jamais ocorreria. Nesses estabelecimentos, a consulta é sempre feita no local, ainda que, em virtude das novas tecnologias, a possibilidade de reprodução de alguns desses suportes seja bem prática para os novos pesquisadores.

Em sua grande maioria, os museus têm uma exposição permanente e alguns espaços para exposições temporárias. Nesses ambientes, em determinados momentos, partes do acervo que permanecem em reservas técnicas podem ser expostos. Já no arquivo, os suportes estão sempre preservados.

Adriane Piovezan

Obviamente, alguns arquivos têm exposições de alguns de seus documentos mais importantes. Por exemplo, o Arquivo Nacional dos Estados Unidos, em Washington, em sua sede histórica, exibe permanentemente a Constituição dos Estados Unidos da América, entre outros documentos históricos emblemáticos para a história da sociedade norte-americana.

No capítulo referente aos arquivos no Brasil e no mundo, apresentaremos outros exemplos dessa tendência em grandes instituições arquivísticas internacionais de manter seu prédio histórico como um museu do arquivo e transferir seu acervo documental para edifícios modernos e projetados especificamente para esse fim. O importante, neste momento, é compreender que a função maior de uma instituição mantenedora é preservar a integridade de seu acervo.

Retomando a significação do termo *arquivo*, podemos afirmar que são dois os sentidos com que é empregado: como uma instituição específica de guarda de acervo (como Arquivo Nacional, Arquivo da Cúria Metropolitana etc.) e como uma unidade orgânica (Castro, 2008), ou seja, uma seção ou departamento de uma empresa ou instituição. Para ilustrarmos essa diferenciação, podemos citar o arquivo do Museu Nacional e o arquivo de uma empresa que fabrique e comercialize cerveja, por exemplo.

Mas como essas coleções e fundos vão parar em determinadas instituições arquivísticas? A constituição de um arquivo está embasada na pergunta inicial sobre o que vale a pena ser guardado. A partir dessas diferentes percepções de preservação, a seleção do que deve ou não ser mantido é realizada.

A origem do arquivo e sua organização são determinadas pela entidade mantenedora. Segundo Paes (2007), os arquivos podem ser classificados da seguinte forma:

- públicos;
- federais;
- centrais;
- regionais;
- estaduais/DF;
- municipais;
- institucionais;
- educacionais;
- igrejas;
- corporações não lucrativas;
- sociedades;
- associações comerciais;
- firmas;
- companhias;
- familiais ou pessoais.

Entretanto, a Lei n. 8.159, de 8 de janeiro de 1991 (Brasil, 1991) classifica os arquivos em apenas duas categorias: públicos e privados. Segundo essa lei, são arquivos públicos aqueles "produzidos e recebidos, no exercício de suas atividades, por órgãos públicos de âmbito federal, estadual, do Distrito Federal e municipal em decorrência de suas funções administrativas, legislativas e judiciária" (Brasil, 1991).

Outros documentos também podem ser classificados como públicos, como no caso daqueles "produzidos e recebidos por instituições de caráter público, por entidades privadas encarregadas da gestão de serviços públicos no exercício de suas atividades" (Brasil, 1991).

Ainda conforme essa lei, os arquivos privados constituem "os conjuntos de documentos produzidos ou recebidos por pessoas físicas ou jurídicas, em decorrência de suas atividades" (Brasil, 1991).

Quando se trata de um acervo particular, parte desses critérios utilizados na seleção do que é conservado e/ou descartado cabe aos herdeiros e ao próprio proprietário do acervo. Os arquivistas têm uma logística específica nessa seleção, tendo em vista aspectos fundamentais apontados pela gestão da documentação vigente.

Mas, afinal, o que vale a pena ser preservado? Essa questão pode ser respondida diferentemente de acordo com a época. O contexto histórico é que determina o que vale ou não ser preservado nos arquivos históricos. Da mesma forma, é o processo histórico que define o valor de determinado acervo.

Sob essa ótica, podemos refletir acerca dos futuros historiadores: Será que eles gostariam de consultar a fatura do cartão de crédito de uma celebridade? Isso seria essencial para responder a algumas perguntas de suas pesquisas? Nos procedimentos arquivísticos, um documento como a fatura de um cartão de crédito deve ser retido por um ano, e contas de água, luz, e telefone, durante cinco anos. Tais documentos merecem ocupar um espaço nessa eventual "necessidade" dos futuros pesquisadores?

Aparentemente, essa hipótese é banal, mas, quando percebemos como as instituições são realmente atingidas pela ação de guardar objetos ou documentos sem importância, reconhecemos a necessidade do conhecimento da norma. Em 2016, o Arquivo Público de São Paulo dispensou para reciclagem cerca de 82.157 caixas de documentos com pedidos de Carteira Nacional de Habilitação (CNH), além de multas, ofícios e cartas (Arquivo Público do Estado, 2019).

Como esse e outros casos foram possíveis? A resposta está na legislação. Até 2004, tudo o que era produzido por órgãos públicos deveria ser preservado. Imagine, então, se você tivesse guardado todos os documentos de sua vida, tais como recibos de tudo o que comprou? Por décadas de funcionamento, os arquivos públicos mantiveram essa prática para diversos órgãos. No caso em tela, o descarte sem apoio legal é considerado crime.

Nesse contexto, cabe ressaltar que novas diretrizes se aproximaram das tecnologias incorporadas ao cotidiano e promoveram a discussão sobre a conservação ou não de determinados documentos, bem como sobre o prazo para o descarte de outros registros. O debate atual se refere à lei de descarte de documentos já digitalizados.

Por conta de um projeto já aprovado pelo Senado, em 2007 se tornou possível apagar os registros físicos depois de eles serem digitalizados. Alguns critérios, no entanto, como a garantia de integridade, autenticidade e idoneidade da conversão, devem ser apreciados pelos gestores. Os documentos de valor permanente não são incluídos nessa proposta, mesmo que já estejam em formato digital (Projeto..., 2017).

A esse respeito, a pergunta que pode ser colocada é a seguinte: Qual é a temporalidade máxima para manter um documento? Como se dá a gestão dessa temporalidade?

Em um primeiro momento, é necessário esclarecer como é definida a tabela de temporalidade, um instrumento que permite agilidade e eficiência na gestão dos documentos. Para alcançar tais parâmetros, é necessária a atualização de seus quadros funcionais e dos *softwares* disponíveis, além do conhecimento sobre a legislação relacionada ao assunto.

O próprio governo federal divulga os Planos de Classificação de Documentos e as Tabelas de Temporalidade a partir da Lei n. 8.159/1991. Critérios como a rotina para a destinação dos documentos nas fases corrente e intermediária e a alteração do suporte de informação constituem elementos essenciais na aplicação dessas tabelas pelas instituições arquivísticas.

Também na Lei n. 8.159/1991, em seu art. 9º, consta que "a eliminação de documentos produzidos por instituições públicas e de caráter público será realizada mediante autorização da instituição arquivística pública, na sua específica esfera de competência" (Brasil, 1991).

O prazo de vigência se refere ao período em que o documento cumpre suas funções. Já o prazo de prescrição diz respeito ao tempo em que o governo federal e o Poder Judiciário podem sugerir a tutela. Por fim, o prazo de precaução corresponde ao tempo pelo qual o documento fica sob abrigo por cautela.

Para entender o prazo de precaução, é necessário compreender que o problema de espaço nos arquivos parece insanável. Nesse caso, procede-se à tabela de temporalidade, para analisar se o documento pode ser eliminado ou se terá custódia como arquivo permanente.

A tabela de temporalidade também é baseada nos valores legais, fiscais e administrativos. Tendo em vista essas determinações, é possível eliminar os documentos considerados desnecessários a partir de determinado prazo.

Geralmente, o documento de papel é destruído por máquinas fragmentadoras. A queima de documentos não é recomendada principalmente em razão das questões ambientais. Após a fragmentação do material, a venda do papel picado para a reciclagem é recomendada[2]. Mas nem sempre essa prática foi indicada. Em outros tempos, a queima era a principal estratégia de eliminação de documentos, tanto é que até hoje ouvimos falar na expressão *queima de arquivos*, associada a essa prática.

Provavelmente, você um dia já ouviu falar ou leu sobre o evento da destruição dos documentos da escravidão levada a cabo pelo advogado Rui Barbosa, em 1890. Enquanto era ministro da Fazenda no governo provisório de Marechal Deodoro da Fonseca, Rui Barbosa

---

2   *O descarte para reciclagem é indicado principalmente no setor judiciário. Em 2011, o então ministro Cezar Peluso publicou a determinação pela qual "A eliminação de documentos institucionais realizar-se-á mediante critérios de responsabilidade social e de preservação ambiental, por meio da reciclagem do material descartado, ficando autorizada sua destinação a programas de natureza social" (Brasil, 2011b).*

teria determinado a destruição desse acervo, temendo ações indenizatórias dos ex-proprietários de escravos.

Livros de matrícula, controle de aduanas, pagamentos de impostos, todos esses documentos estavam em poder do Ministério da Fazenda e, por isso, sob a responsabilidade de Rui Barbosa. Tratava-se de um material valiosíssimo para o entendimento da escravidão no Brasil.

A ação do depois renomado jurista foi defendida na obra de Américo Jacobina Lacombe, Eduardo Silva e Francisco de Assis Barbosa (1988). Na tentativa de relativizar o fato, os autores comentam que quem assinou a determinação para a incineração desse acervo foi o sucessor na pasta do ministério em 1891, Tristão de Alencar Araripe. Assim, o relato dos autores se concentra na questão da burocracia. Contudo, ainda que a assinatura e a realização do fato tenham sido colocadas em prática por outro sujeito, a resolução, ou seja, o despacho de 14 de dezembro de 1890 (reproduzido na sequência), foi assinado por Rui Barbosa. Sua responsabilidade nesse ato catastrófico para a memória nacional foi preservada nesse documento. Os documentos reveladores da história foram perdidos, mas os documentos do crime contra a história, preservados[3].

---

3   *Cabe ressaltar que a obra de Lacombe, Silva e Barbosa (1988) foi publicada pela Fundação Casa de Rui Barbosa. Essa importante instituição de preservação da memória é atualmente uma referência como instituição arquivística e de apoio à pesquisa no Brasil.*

> **Decisão do Ministro da Fazenda**
>
> Decisão s/n. de 14 de dezembro de 1890
>
> Manda queimar todos os papéis, livros de matrícula e documentos relativos à escravidão, existentes nas repartições do Ministério da Fazenda.
>
> Rui Barbosa, Ministro e Secretário de Estado dos Negócios da Fazenda e Presidente do Tribunal do Tesouro Nacional:
>
> Considerando que a Nação brasileira, pelo mais sublime lance de sua evolução histórica, eliminou do solo da pátria a escravidão – a instituição funestíssima que por tantos anos paralisou o desenvolvimento da sociedade, inficionou-lhe a atmosfera moral;
>
> Considerando, porém, que dessa nódoa social ainda ficaram vestígios nos arquivos públicos da administração;
>
> Considerando que a República está obrigada a destruir esses vestígios por honra da Pátria, e em homenagem aos nossos deveres de fraternidade e solidariedade para com grande massa de cidadãos que pela abolição do elemento servil entraram na comunhão brasileira;
>
> Resolve:
>
> 1º. Serão requisitados de todas as Tesourarias da Fazenda todos os papéis, livros e documentos existentes nas repartições do Ministério da Fazenda, relativos ao elemento servil, matrícula dos escravos, dos ingenuos, filhos livres de mulher escrava e libertos sexagenários, que deverão ser sem demora remetidos a esta Capital e reunidos em lugar apropriado na Recebedoria.
>
> 2º. Uma comissão composta dos Srs. João Fernandes Clapp, presidente da confederação abolicionista, e do administrador da Recebedoria desta capital, dirigirá a arrecadação dos referidos livros e papéis e procederá à queima e destruição imediata deles, que se fará na casa da máquina da Alfândega desta Capital pelo modo que mais convenientes parecer à comissão.
>
> Capital Federal, 14 de dezembro de 1890.
>
> Rui Barbosa
> (*Obras completas de Rui Barbosa*, vol. XVII, 1890, tomo II, pp. 338-40)

Fonte: Lacombe; Silva; Barbosa, 1988, p. 114.

Até 1975, o Código de Processo Civil permitia a destruição dos processos. Só em 1991 a legislação determinou a punição para essa atividade. Entretanto, em 2007, foram incinerados 12 mil processos sob determinação do Tribunal de Justiça do Mato Grosso do Sul. Infelizmente, este não foi um ato isolado (Invernizzi, 2007), pois em 2004 documentos do período da Ditadura Militar Brasileira (1964-1985) foram queimados na Base Aérea de Salvador, na Bahia. Tais documentos poderiam ser esclarecedores para a Comissão Nacional da Verdade, sobre a qual discutiremos em capítulo posterior (Camacho, 2005).

O não cumprimento da legislação é um risco constante em relação aos documentos. Daí a importância do arquivo, do conhecimento de seu funcionamento e de sua função como espaço de custódia de memórias.

Reforçamos aqui as cinco características estruturais dos arquivos segundo Pereira e Silva (2016, p. 36):

1) *acesso;*
2) *caráter único dos documentos arquivísticos;*
3) *a não circulação dos documentos – tecnologia veio resolver com a digitalização e disponibilização via internet;*
4) *propriedade de direitos autorais – restrições e propriedade intelectual;*
5) *acesso físico não permitido – dependência de um funcionário profissional arquivista.*

O acesso é um dos aspectos mais importantes das instituições arquivísticas. Se elas guardam algo, é porque algum dia um pesquisador poderá solicitar a informação classificada. Mesmo que a tecnologia esteja disponível, o acesso a tais documentos ainda é um aspecto indiscutível. Por isso, a instituição deve estar preparada para que os problemas técnicos não sejam um impeditivo para a divulgação de seus documentos.

A questão da originalidade do documento do arquivo também precisa receber a devida atenção. Ainda que se trate de uma cópia, o documento é único na instituição que o tem por custódia. Diante do exposto, podemos assumir que as formas ou métodos de arquivamento podem ser os mostrados na Figura 2.1.

Figura 2.1 – Métodos de arquivamento

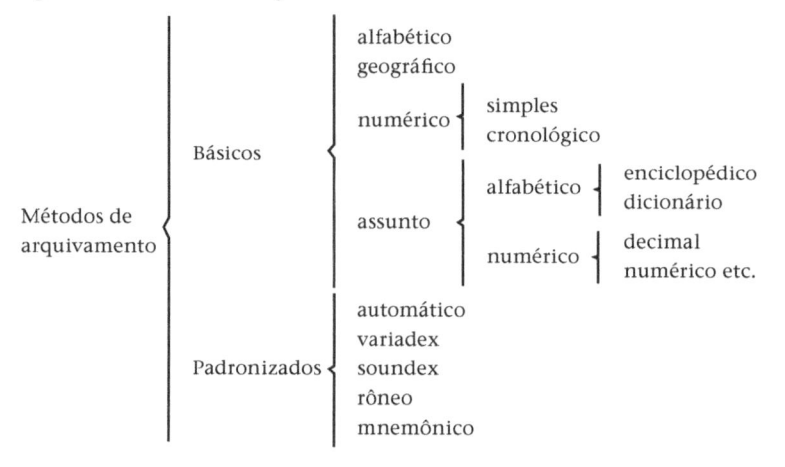

```
                          alfabético
                          geográfico
                                      ⎧ simples
                          numérico  ⎨ cronológico
              Básicos   ⎩
                                                  ⎧ enciclopédico
                                      alfabético ⎨ dicionário
Métodos de              assunto     ⎩
arquivamento                                      ⎧ decimal
                                      numérico   ⎨ numérico etc.
                                                  ⎩
                          automático
                          variadex
              Padronizados soundex
                          rôneo
                          mnemônico
```

Fonte: Cipo, 1980, p. 190.

O método mais comum e bastante utilizado para a classificação nas bibliotecas é o alfanumérico, usado a partir da década de 1950 por grande parte das instituições (Brasil, 2005a).

Com relação à natureza, os documentos também podem ser classificados em arquivos especiais, os quais correspondem a diversos formatos que, em razão das características físicas do suporte, merecem um cuidado específico quanto ao seu armazenamento e tratamento técnico. Nesse exemplo de suportes especiais, podemos citar CDs, fitas de vídeo e de áudio, disquetes, fotografias, microfilmes, *slides*, entre outros (Brasil, 2005a)

Outra definição de *documento especial* enfatiza o fato de se configurar como um documento em linguagem não textual, em suporte não convencional. ou, no caso de papel, em formato e dimensões excepcionais. Como já indicamos, sua utilização requer uma intermediação tecnológica. O disquete, por exemplo, é tido como um suporte que depende de uma intermediação, uma vez que esse formato já foi totalmente superado e dificilmente encontraríamos atualmente algum dispositivo para acessar esse tipo de arquivo. Porém, na sequência deste livro, abordaremos a questão da superação tecnológica e a conversão.

A variedade de instituições arquivísticas é um aspecto elementar nessa temática. Ao longo desta obra, vamos apresentar alguns modelos de arquivo e as características de cada um deles. Nesse sentido, o pesquisador precisa conhecer a riqueza presente nesses arquivos especializados, entendendo que são constituídos por documentos resultantes do desenvolvimento de atividades de determinada área do conhecimento humano, independentemente do suporte no qual a informação se encontra registrada. Também são conhecidos como *arquivos técnicos* (Brasil, 2005a).

Em unidades específicas ou em partes de outras unidades arquivísticas, os arquivos especializados são abundantes. Os mais comuns são os arquivos das Forças Armadas, arquivos de engenharia, arquivos médicos ou hospitalares e arquivos de imprensa.

Nesse contexto, cabe observar que os arquivos podem ser classificados de acordo com sua evolução em correntes, intermediários ou permanentes. Cada um representa uma fase do documento, tema que comentamos anteriormente. Essas três categorias são assim definidas na Lei n. 8.159/1991:

Art. 8º Os documentos públicos são identificados como correntes, intermediários e permanentes.

§ 1º Consideram-se documentos correntes aqueles em curso ou que, mesmo sem movimentação, constituam objeto de consultas frequentes.

§ 2º Consideram-se documentos intermediários aqueles que, não sendo de uso corrente nos órgãos produtores, por razões de interesse administrativo, aguardam a sua eliminação ou recolhimento para guarda permanente.

§ 3º Consideram-se permanentes os conjuntos de documentos de valor histórico, probatório e informativo que devem ser definitivamente preservados. (Brasil, 1991)

O arquivo apresenta toda essa estrutura e divisão organizacional para racionalizar a busca do documento. A importância do arquivo é justamente criar condições de acesso rápido e eficiente ao que é demandado e que está sob sua responsabilidade. No próximo capítulo, abordaremos a comparação entre a informação no passado e no presente.

Síntese

Neste capítulo, discutimos sobre como os arquivos podem ser caracterizados como instituições de guarda. O termo *arquivo* pode fazer referência tanto a uma instituição específica que preserva o arquivo quanto a uma seção de uma empresa, por exemplo. Também argumentamos que a discussão sobre o que deve ser preservado e o que pode ser descartado acompanha a existência de um arquivo.

Além disso, mostramos que os arquivos desempenham um papel administrativo, histórico e cultural e que seus princípios fundamentais são: proveniência; respeito pela ordem original; organicidade; unicidade; indivisibilidade ou integridade.

Por fim, vimos que o arquivo tem como desafios a preservação dos documentos em seus mais variados suportes e a consulta desses documentos que se configuram como memórias do mundo.

Indicações culturais

Filmes

UMA CIDADE sem passado = DAS SCHRECKLICHE Mädchen. Direção: Michael Verhoeven. Alemanha, 1990. 94 min.

A personagem Sonja, aluna de uma escola, inicia uma pesquisa sobre a memória de sua cidade durante o Terceiro Reich. Sua pesquisa vai se desenvolvendo e, à medida que a personagem amadurece, os problemas com as tentativas de negação da informação por parte do poder local também aumentam. A negação desses documentos indica um apagamento da contribuição da cidade para o governo de Hitler, durante a Segunda Guerra Mundial. Embora seja um filme bastante citado e até clichê, trata-se de uma excelente reflexão sobre o poder do arquivo, do documento e da informação.

YNDIO do Brasil. Direção: Sylvio Back. Brasil, 1995. 70 min.

Com base em um questionamento sobre como o audiovisual brasileiro enxerga o índio desde seu primeiro registro, em 1912, esse filme se desenrola a partir da colagem de imagens e sons em uma magnífica pesquisa em acervos da Cinemateca Brasileira. Os arquivos cinematográficos e fonográficos foram brilhantemente articulados nesse documentário de Sylvio Back, constituindo um exemplo de trabalho com documentos de arquivos.

Livros

BASTOS, D. de M. **Arquivos do Brasil**: memória do mundo. Rio de Janeiro: Arquivo Nacional, 2013.

Essa obra, de curadoria de Denise de Morais Bastos, inicia com uma reflexão sobre o projeto da Unesco chamado Memória do Mundo. Ao expor, de forma linear, documentos anexados em cópias de alta resolução em *fac-símile* dos maiores acontecimentos da história do Brasil, a autora tece comentários sobre as instituições detentoras desses registros. Os suportes documentais são variados: de documentos escritos a pinturas e fotografias. Seu conteúdo é uma pequena amostra dos tesouros encontrados nos arquivos brasileiros.

BRASIL. Conselho Nacional de Arquivos. **Criação e desenvolvimento de arquivos públicos municipais**: transparência e acesso à informação para o exercício da cidadania. Rio de Janeiro, 2014. Disponível em: <http://conarq.gov.br/images/publicacoes_textos/Cartilha_criacao_arquivos_municipais.pdf>. Acesso em: 15 jun. 2020.

Nem todos os municípios têm um arquivo público. Para preencher essa lacuna, essa obra se apresenta como um manual para orientar a implementação de um arquivo municipal, da organização até a legislação, passando por modelos de gestão possíveis. Trata-se de um material importantíssimo e que serve de parâmetro para outras implementações de arquivos, como escolares, por exemplo.

Atividades de autoavaliação

1. Assinale a alternativa que apresenta princípios da arquivologia:
   a) Proveniência, respeito aos fundos e fragmentação do acervo em diversas instituições arquivísticas.
   b) Proveniência, respeito aos fundos e impedimento ao acesso de documentos em fundos, independente das condições.
   c) Reprodutibilidade e descarte dos originais.
   d) Proveniência, respeito aos fundos, organicidade e integridade.
   e) Divulgação e eliminação dos originais.

2. Sobre a manutenção dos arquivos incorporados a uma instituição arquivística, assinale a alternativa correta:
   a) O descarte de documentos é determinado pela legislação a cada dez anos, independentemente do que a história considere de valor em relação ao acervo do qual eles fazem parte.
   b) Na constituição de um arquivo, é o processo histórico que vai definir o que tem valor e o que pode ser descartado.
   c) A preservação de documentos depende da questão espacial nas instituições de guarda. Logo, quando não há espaço suficiente, os acervos mais antigos são destruídos, para que os novos possam ser acomodados.
   d) A legislação sobre o descarte de documentos é invariável, ou seja, continuam prevalecendo as decisões tomadas sobre o tema em 1966.
   e) Com o maior número de documentos digitais, todos os documentos com mais de 50 anos podem ser eliminados pelas instituições arquivísticas.

3. A respeito dos fundos, temática também abordada neste capítulo, marque a alternativa **incorreta**:
   a) Fundos necessariamente chegam aos arquivos pela compra em dinheiro.
   b) Fundos estão ligados a instituições de guarda – mesmo museus ou bibliotecas podem possuir fundos.
   c) A Unicamp é detentora do fundo Sérgio Buarque de Holanda.
   d) Um *fundo*, termo que equivale a *arquivo*, é um conjunto de documentos de uma mesma proveniência.
   e) A concepção de respeito aos fundos prevê que a catalogação deve organizar os arquivos recebidos, independentemente de isso significar a fragmentação do acervo.

4. Com relação às instituições de guarda, assinale a alternativa correta:
   a) Apenas os arquivos constituem reais instituições de guarda.
   b) Bibliotecas, museus e arquivos são instituições de guarda.
   c) Museus não mantêm arquivos; seus documentos são transferidos e acomodados em alguma instituição arquivística próxima.
   d) No Brasil, após a Proclamação da República, em 1889, toda a documentação das igrejas e seus arquivos foram transferidos para arquivos do Estado.
   e) Desde a Proclamação da República, tornou-se obrigatório que cada município mantenha um arquivo municipal.

5. Sobre a função dos princípios específicos, assinale a alternativa correta:
   a) Os princípios de proveniência, *respect des fonds*, organicidade, integridade, ordem original e territorialidade são perfeitamente comuns nessa discussão.
   b) Respeito aos fundos e divisão são os dois princípios mais significativos.
   c) Organicidade e extermínio dos arquivos são dois princípios básicos.
   d) A não manutenção da ordem original é o princípio mais importante da arquivística.
   e) Cada instituição arquivística decide como organizar seus acervos, logo, o *respect des fonds* não é comum em todos os arquivos.

Atividades de aprendizagem

Questões para reflexão

1. Inúmeros arquivos dispõem de *sites* em que fornecem informações gerais sobre seu funcionamento. Visite algumas dessas páginas e estabeleça um quadro comparativo entre tais dados. Quais são as regras de acesso e o horário de funcionamento? O *site* em questão permite a consulta prévia de material *on-line*? Há agendamento de determinados documentos? Existem sugestões dos gestores desses *sites* acerca de procedimentos pré-consulta ao acervo?

Como sugestão para esta atividade comparativa, indicamos a consulta nos seguintes *sites*:

PARANÁ. Arquivo Público. Disponível em: <http://www.arquivopublico.pr.gov.br/>. Acesso em: 15 jun. 2020.

RIO DE JANEIRO (Município). Arquivo Geral. Disponível em: <http://www0.rio.rj.gov.br/arquivo/acervos.html>. Acesso em: 15 jun. 2020.

SÃO PAULO (Estado). Arquivo Público. Disponível em: <http://www.arquivoestado.sp.gov.br/site/>. Acesso em: 15 jun. 2020.

RIO GRANDE DO SUL. Arquivo Público. Disponível em: <https://www.apers.rs.gov.br/inicial>. Acesso em: 15 jun. 2020.

2. Na página do Conselho Nacional de Arquivos (Conarq), é possível consultar o Cadastro Nacional de Entidades Custodiadoras de Acervos Arquivísticos (Codearq). Acesse o *site* e pesquise quais são as instituições arquivísticas do estado em que você mora. Todas elas têm uma página oficial e possibilidade de consulta *on-line* dos acervos? Na sequência, elabore um pequeno resumo do panorama das instituições arquivísticas de seu estado.

BRASIL. Ministério da Justiça e Segurança Pública. Conselho Nacional de Arquivos. Cadastro Nacional de Entidades Custodiadoras de Acervos Arquivísticos – **Codearq**. Disponível em: <http://conarq.gov.br/o-cadastro.html>. Acesso em: 16 jun. 2020.

Atividade aplicada: prática

1. Você já consultou o *site* da Hemeroteca Digital? Trata-se de um riquíssimo acervo de periódicos brasileiros para qualquer historiador. Como sugestão para conhecer essa ferramenta, acesse o endereço a seguir. Na página, digite o estado em que você nasceu e procure consultar as manchetes de jornal do dia de seu nascimento. O que estava acontecendo naquele momento no Brasil e no mundo e que mereceu destaque na imprensa? Elabore um pequeno texto sobre suas impressões.

FUNDAÇÃO BIBLIOTECA NACIONAL. **Hemeroteca Digital**. Disponível em: <https://bndigital.bn.gov.br/hemeroteca-digital/>. Acesso em: 15 jun. 2020.

Capítulo 3
A informação ontem e hoje

Acho que ao redor do mundo as informações sobre indivíduos na rede vêm se acumulando em um ritmo apavorante. Pelo que entendo, os agentes de segurança do governo americano estão retirando diretamente do Google, da Amazon e de outras organizações comerciais registros de todas as transações feitas na internet. É uma ideia assustadora. Como cidadão, fico preocupado com o caráter Big Brother dessa vigilância estatal nesta era em que terrorismo parece uma desculpa para tudo.

(Darnton, 2016)

De origem latina, o termo *informatio* significa "dar conhecimento", ou seja, dados úteis sobre determinado assunto. Embora essa seja uma definição sintética de *informação*, é bastante eficiente. Em momentos de ruptura na história da humanidade, obter informação poderia ser a garantia de permanecer protegido e não ser surpreendido pelos acontecimentos. Sob essa ótica, acessar dados durante um dos maiores acontecimentos da história, a Revolução Francesa, em 1789, era, no mínimo, pitoresco. Segundo o historiador estadunidense Robert Darnton (2010), nem sempre as informações naquele momento eram transmitidas pelos canais habituais, como os jornais. Assim, praças e ruas eram os locais onde o parisiense encontrava a informação mais atualizada e relevante de que poderia necessitar. Como eram conhecidos esses pontos, o historiador analisa toda a rede que estava envolvida na manutenção desses sistemas de informação.

Se no século XVIII, quando precisava de uma informação, o indivíduo a buscava no meio público (a rua), na atualidade essa procura ocorre em outros canais. O século XX ainda tinha no suporte impresso ou na película e, posteriormente, na televisão suas formas principais de registro de informação. Porém, desde a revolução tecnológica, sobre a qual comentaremos mais adiante, esse cenário foi transferido para o meio digital.

De todo modo, independentemente do formato, a informação sempre está organizada sistemas, e essa será a temática da primeira seção deste capítulo.

(3.1)
Sistemas de informação

Coleta, transmissão e difusão são as etapas que compõem um sistema de informação. O trânsito desse dado pode ocorrer tanto manualmente quanto de forma automatizada. Todas essas etapas nos parecem muito simples e fáceis na atualidade, mas nem sempre foi assim. No passado, as complexidades que envolviam os sistemas de informação eram desafiantes. Foi necessário ocorrer um longo processo de formação e desenvolvimento para que esse ramo do conhecimento ocupasse um espaço próprio.

Desde o final do século XIX, foram popularizadas formas de otimizar esses acessos e de trabalhar com a informação de maneira racional e organizada. No Brasil, cursos específicos de Biblioteconomia surgiram em 1915, ofertados pela própria Biblioteca Nacional.

Nesse contexto, os cursos de Biblioteconomia se ocupavam das formas de organizar os dados, registrá-los, catalogá-los e recuperá-los quando necessário. Ainda que o termo *bibliotecário* fosse imediatamente vinculado a uma biblioteca, a função desse profissional se estendia para além desse espaço.

A Lei n. 4.084, de 30 de junho de 1962, que estabeleceu, formalmente, a profissão de bibliotecário no Brasil (Souza, 2006), foi um importante acontecimento nesse processo. Na esteira desse evento, o reforço da atuação e a necessidade de reconhecimento da importância desse profissional fortaleceram os cursos existentes.

Cabe notar que as inovações tecnológicas aceleraram as formas de informação. Para esse setor, a denominação ligada a um espaço lúdico e de leitura, como a biblioteca, comprometia a real função do bibliotecário. Desse modo, as limitações decorrentes da terminologia levaram à mudança da denominaçãode *Biblioteconomia* para *Sistemas de Informação* na maioria das instituições de ensino superior.

Em 1967, foi criada a Associação Brasileira de Ensino de Biblioteconomia e Documentação (ABEBD), que, em 2001, mudou seu nome para Associação Brasileira de Educação em Ciência da Informação

(Abecin). Simultaneamente, os cursos superiores foram também renomeados para acompanhar essa transformação.

Logo, a Ciência da Informação passou a ser o curso que forma esse profissional. Mas qual é a diferença entre Ciência da Informação e Biblioteconomia? Segundo Santos e Rodrigues (2013), a Biblioteconomia foi a primeira ciência a tomar a informação como objeto de sua disciplina. Já a Ciência da Informação agregou contribuições diversas como objetos de estudo e a interdisciplinaridade como aspecto essencial de sua constituição.

Para fins de classificação nas entidades que promovem e financiam a pesquisa no Brasil, os cursos de Ciências da Informação, Arquivologia e Museologia fazem parte das Ciências Sociais Aplicadas. Ainda assim, em comparação com outros países, no Brasil as Ciências da Informação estão mais próximas das Ciências Sociais Aplicadas do que a Arquivologia, que estaria mais ligada aos cursos de História, por exemplo.

Um dos pontos discutidos nessa relação é a questão da tecnologia. Nesse viés, existe a tendência de indicar que as Ciências da Informação estão necessariamente inseridas no meio tecnológico, o que não se aplicaria ao exercício do arquivista. No entanto, essa visão é bastante redutora das potencialidades e da realidade dos arquivos na atualidade, além de preconceituosa. É como se os cursos de História não necessitassem de tecnologias ou não estivessem interessados no desenvolvimento desse setor para sua área. É preciso destacar ainda o fato de que os cursos de Ciência da Informação não podem ignorar a bibliografia e a metodologia de uma ciência essencial para sua atuação: a arquivologia.

Pensar nesse ramo do conhecimento significa entender sua historicidade. O ensino voltado especificamente para arquivistas surgiu no século XIX, como afirma Elio Lodolini em sua obra *Formación profesional de los archiveros y escuelas de archivología*. A esse respeito, o autor cita as escolas de Nápoles (1811), de Mónaco de Baviera (1821) e de Paris (1821) (Lodolini, citado por Ferreira; Konrad, 2014, p. 131). O termo *arquivologia* apareceu pela primeira vez na França, em 1895, no estudo de Charles-Victor Langlois, um dos primeiros a teorizar sobre essa temática. Langlois foi um importante historiador francês cujo nome é associado à Escola Metódica, que enfatizava o aspecto científico da história, com ênfase no rigor da documentação. Em sua atuação, a preocupação com o arquivo antecedia o trabalho também científico do historiador.

Na definição desse estudioso, o arquivo se constituiria em um "depósito de títulos e documentos autênticos de toda espécie que interessem a um Estado, uma província, uma cidade, uma instituição pública ou privada, uma empresa, um indivíduo" (Langlois, citado por Marques; Rodrigues; Nougaret, 2018, p. 22). Ao propor uma ciência dos arquivos, o autor argumenta que esta "trata da economia, da organização teórica, descritiva e comparativa e da história dos depósitos de arquivos, que lista esses depósitos e que divulga os repertórios" (Langlois, citado por Marques; Rodrigues; Nougaret, 2018, p. 22). Esse momento, ou seja, o final do século XIX, teria destacado a necessidade de uma perspectiva descritiva e documentária dos arquivos.

Como já mencionamos, Langlois era historiador e pensava a arquivologia diretamente como uma ciência auxiliar da história. A profissionalização e a metodologia específica da função arquivística foram reforçadas após o fim da Primeira Guerra Mundial. Esse conflito devastador, conhecido como *Grande Guerra* (1914-1919), segundo o historiador Eric Hobsbawm (1995), provocou uma enorme crise econômica e ideológica após seu término.

A história foi igualmente atingida por esse conflito. A ideia de cientificidade, de evolução e de progresso que estava contida no pensamento do século XIX foi confrontada por um conflito em que a tecnologia utilizada promoveu uma grande barbárie, com a morte de milhares de pessoas. A arquivologia, nesse cenário, desvinculou-se da história e passou a ter maior autonomia. A institucionalização da profissão de arquivista, na França, ocorreu em 1921, reforçando a identidade do profissional e sua atuação.

No Brasil, também houve preocupação do Estado quanto à formação desse profissional. Se o curso para formar bibliotecários teve sua origem ligada à necessidade de desenvolver profissionais para o trabalho na Biblioteca Nacional, o curso de Arquivologia também tinha raízes na necessidade de formar profissionais especializados. Essa situação levou o Arquivo Nacional a ofertar o curso de Diplomática para seus funcionários, em 1911. Nesse curso, a intenção de formar quadros de funcionários levou à inclusão em sua grade curricular, ao lado das matérias de Crítica Histórica e Paleografia, das disciplinas de Regras de Classificação. Em seguida, o Decreto n. 15.596, de 2 de agosto de 1922, criou o curso de Formação de Arquivistas, justamente para os funcionários do Arquivo Nacional (Brasil, 1922).

Os profissionais dessa área fundaram sua própria associação em 1971, a Associação dos Arquivistas Brasileiros (AAB). O primeiro curso superior em Arquivologia ofertado em uma instituição federal foi o curso de Arquivologia da Universidade Federal de Santa Maria (UFSM), em 1976. Outros cursos surgiram nas demais universidades brasileiras ao longo dos anos 1970, e vários outros continuam sendo criados. O último é o curso de Arquivologia da Universidade Federal do Pará (UFPA), em 2011. No total, há 16 cursos espalhados pelo Brasil, os quais são presenciais e estão na modalidade bacharelado.

Em nosso país, a disputa entre a formação universitária tradicional e as tentativas de criação de cursos técnicos ou pós-médios gerou um embate. Exemplo disso é a Lei n. 6.546, de 4 de julho de 1978, cujo art. 1º está transcrito a seguir, na íntegra:

> Art. 1º O exercício das profissões de Arquivista e de Técnico de Arquivo, com as atribuições estabelecidas nesta Lei, só será permitido:
>
> I – aos diplomados no Brasil por curso superior de Arquivologia, reconhecido na forma da lei;
>
> II – aos diplomados no exterior por cursos superiores de Arquivologia, cujos diplomas sejam revalidados no Brasil na forma da lei;
>
> III – aos Técnicos de Arquivo portadores de certificados de conclusão de ensino de 2º grau;
>
> IV – aos que, embora não habilitados nos termos dos itens anteriores, contem, pelo menos, cinco anos ininterruptos de atividade ou dez intercalados, na data de início da vigência desta Lei, nos campos profissionais da Arquivologia ou da Técnica de Arquivo;
>
> V – aos portadores de certificado de conclusão de curso de 2º grau que recebam treinamento específico em técnicas de arquivo em curso ministrado por entidades credenciadas pelo Conselho Federal de Mão de Obra, do Ministério do Trabalho, com carga horária mínima de 1.110 hs nas disciplinas específicas. (Brasil, 1978)

Ainda que essa legislação seja específica sobre as atribuições e a necessidade de certificado e qualificação tanto para a vaga de arquivista como para o cargo de técnico em arquivo, tais critérios nem sempre são respeitados.

Assim, cabe questionar: Qual é o problema em não contar com um arquivista diplomado? A ocupação dessa posição por um profissional não preparado e conhecedor da metodologia e da teoria arquivística é catastrófica, como em qualquer outro ramo do conhecimento. Diante de tantos ataques e desrespeito a essa função essencial na complexa sociedade em que vivemos, uma extensa legislação foi aperfeiçoada, acompanhando as transformações sociais e tecnológicas. Por isso, a seguir, apresentamos alguns aspectos essenciais dessa legislação.

(3.2)
O ACESSO À INFORMAÇÃO: UM PROCESSO

O historiador francês Pierre Nora (1993) afirmou que um arquivo tem como um de seus atributos possibilitar a expressão da memória coletiva de uma cidade, de um estado ou país, segundo a natureza administrativa pública que assume.

Nesse sentido, garantias para que o acesso seja obedecido dependem do rigor e do respeito à legislação arquivística nacional, estadual e municipal. Essas esferas do poder regulamentam esse contato com a informação e com a memória coletiva registrada em diferentes suportes.

Como ponto inicial dessa questão, cabe observar que o regimento mais importante de uma nação, sua Constituição, é a base dessas e de outras garantias da cidadania. Tal aspecto está bem presente em nossa Carta Magna, conhecida também como *Constituição Cidadã*. Promulgada em 1988, esse documento estabelece em linhas gerais os direitos sobre o tema.

Em seu Capítulo I, art. 5º, inciso XIV, consta que "é assegurado a todos o acesso à informação e resguardado o sigilo da fonte, quando necessário ao exercício profissional" (Brasil, 1988).

Desde a promulgação da Declaração Universal dos Direitos Humanos, em 1948, a garantia do acesso à informação está presente como direito de todo cidadão. Assim, as instituições arquivísticas são espaços em que a informação está sob tutela. Nessa ótica, outras leis vieram reforçar a necessidade de proteção desses direitos. Entre elas, destacamos a Lei n. 8.159, de 8 de janeiro de 1991, que se refere à política nacional de arquivos públicos e privados (Brasil, 1991). Complementando essa questão, a mesma lei instituiu o Sistema Nacional de Arquivos (Sinar), cujo objetivo é implementar a política nacional de arquivos públicos e privados com vista à gestão, à preservação e ao acesso aos documentos de arquivo. O Sinar tem como órgão central o Conselho Nacional de Arquivos (Conarq).

As três esferas recém-mencionadas (federal, estadual e municipal) precisam necessariamente cumprir a Lei Nacional de Arquivos (Brasil, 1991), pois esses órgãos são responsáveis pela administração dos documentos públicos, sendo que a gestão documental e a salvaguarda de documentos de arquivos devem ser protegidas, mediante responsabilidade do Poder Público, como mencionado na referida lei.

Diante do exposto com relação à legislação, podemos verificar como as discussões sobre privacidade e anonimato contradizem as garantias legais. Além disso, outros aspectos foram incorporados à legislação dos arquivos. Agora, os estados também apresentam especificidades no tocante a essas questões.

A esse respeito, podemos questionar a função de arquivos estaduais e municipais, já que o país conta com um Arquivo Nacional. A implementação dessas unidades arquivísticas não é unanimidade no Brasil. O próprio *site* do Conarq tem uma seção em que a publicidade estimula a organização dessas unidades de acervos nos municípios brasileiros.

A Constituição Federal de 1988 prevê a criação de arquivos municipais, mas tal medida não comoveu algumas dessas unidades administrativas. O leitor incrédulo pode se indagar: Como um município descumpre a Constituição? O que justifica essa desobediência é, em grande parte, a existência nessas administrações de uma pasta denominada *Serviços de Protocolo e Arquivo*.

Esses serviços substituem um arquivo municipal? A resposta é negativa, pois nesse setor é conservada a documentação imediata com fins administrativos, ou seja, a questão histórica é totalmente desprezada. Nesse sentido, a visão reducionista sobre o conceito de *documento* não atinge apenas a memória cultural. A não preservação a longo prazo de determinados acervos tem implicações mais sérias com o passar dos anos. A cidadania é desrespeitada, já que o direito à preservação de provas e de outros acervos documentais relevantes é profundamente comprometido com a inexistência de um espaço adequado, que conte com profissionais preparados e atentos à legislação (Bellotto, 2007).

Com o avanço da informação, no entanto, a transparência se tornou um dos conceitos mais caros para a administração pública. Ao lado dos aspectos relacionados à racionalidade administrativa e à preservação da história, a questão da transparência surgiu como elemento de pressão popular pela existência de um arquivo municipal.

Sob essa ótica, o *site* do Conarq apresenta os benefícios da existência do arquivo. No subtítulo "Arquivo público municipal – serviços e cidadania" consta a seguinte explicação:

No arquivo público municipal, o gestor público e os cidadãos poderão ter acesso a diversos tipos de serviço, como:
- *Instrumento de gestão e transparência pública;*
- *Serviço de informações aos cidadãos;*

- *Serviços de pesquisa em Diário Oficial;*
- *Serviços de pesquisa histórica;*
- *Serviço de memória local;*
- *Serviços de ação cultural;*
- *Visita guiada;*
- *Emissão de certidões probatórias;*
- *Reprodução de documentos* (Brasil, 2020b)

A mesma página disponibiliza ainda uma cartilha com normas e informações para a instalação e gestão de um arquivo público. Desde sua criação, em 1994, o Conarq é responsável pela edição de decretos e normas relacionados à gestão documental e à proteção dos arquivos. Além desse colegiado vinculado ao Arquivo Nacional e ao Ministério da Justiça, em 1991 foi criado o já mencionado Sinar, efetivado apenas em 2002.

Esses conselhos são compostos pelos representantes das instituições mais significativas em acervos arquivísticos no Brasil. A presidência do Conarq cabe ao diretor do Arquivo Nacional, e sua composição também está representada pelos membros dos poderes Executivo, Judiciário e Legislativo, bem como de arquivos estaduais e municipais.

Além de coletâneas da legislação arquivística, o Conarq disponibiliza informações sobre as câmaras técnicas, entre elas:

- Câmara Técnica de Documentos Eletrônicos (CTDE) – responsável pela avaliação e normatização dos documentos digitais.
- Câmara Técnica de Paleografia e Diplomática (CTPAD) – responsável pela terminologia e normatização no tratamento arquivístico.
- Câmara Técnica de Preservação de Documentos (CTPD) – responsável pela normalização e criação de instrumentos metodológicos.
- Câmara Técnica de Capacitação de Recursos Humanos (CTCRH) – responsável pela capacitação profissional.

- Câmara Técnica de Documentos Audiovisuais, Iconográficos, Sonoros e Musicais (CTDAISM) – responsável pelas normas e procedimentos para esses suportes.
- Câmara Técnica de Normalização da Descrição Arquivística (CTNDA) – responsável pela comparação entre normas nacionais e internacionais da arquivística.
- Câmara Técnica de Gestão de Documentos (CTGD) – responsável pelo apoio na criação de normas para o funcionamento do Sinar.

Outro órgão importante nessa gestão documental é a Comissão Luso-Brasileira para Salvaguarda e Divulgação do Patrimônio Documental (Coluso). Criada em 1995, no período de preparativos para as comemorações dos 500 anos do Brasil, no ano 2000, envolve um convênio entre Brasil e Portugal no inventário e compartilhamento de fundos documentais.

A partir desse convênio, outra parceria foi firmada entre a Conarq e a Universidade Estadual do Rio de Janeiro (UERJ), por meio da qual recursos foram destinados para a preservação e digitalização de acervos participantes do projeto.

Toda a legislação, as parcerias e o organograma de atividades estão disponíveis no *site* do Conarq[1]. O acesso facilitado a esse conteúdo é promovido por alguns órgãos importantes da estrutura administrativa relacionada ao patrimônio documental.

---

1   Disponível em: <http://conarq.arquivonacional.gov.br/>. Acesso em: 16 jun. 2020.

(3.3)
FERRAMENTAS PARA A PESQUISA EM ACERVOS

Agilidade e coerência são elementos esperados na pesquisa em acervos documentais. Nesse sentido, a arquivística tem contribuído com o desenvolvimento de ferramentas que permitem o acesso exato na busca pelos documentos.

Antes da popularização da internet, buscadores e indexadores auxiliavam nas pesquisas. Um dos casos mais emblemáticos dessas tentativas de otimização de buscas é o Archie, que surgiu em 1990, projetado para a busca em redes de acesso público em um servidor File Transfer Protocol – FTP (Protocolo de Transferência de Arquivos). O FTP é um tipo de conexão que permite a troca de arquivos entre dois computadores conectados à internet.

Desde então, inúmeros buscadores passaram a facilitar a pesquisa digital. Nas instituições, o aperfeiçoamento de buscadores tem sido um objetivo constante. No Arquivo Nacional, desde 2017, foi implantado o Sistema de Informações do Arquivo Nacional (Sian). Depois de fazer seu cadastro, o pesquisador tem acesso ao acervo digitalizado disponível no *site* dessa instituição. O acervo que pode ser acessado conta com 1 milhão de documentos, e os filtros propostos direcionam os resultados a uma resposta mais precisa sobre o tema buscado.

Para o pesquisador, o fato de poder ler o documento na íntegra amplia a possibilidade de problematização e interpretação de seu objeto de estudo, pois a simples indexação não revela todo o potencial de determinado acervo, e sua contribuição é mínima em comparação com o documento integral.

Outros dispositivos também permitem essa busca mais precisa no meio digital. A Câmara dos Deputados lançou a Busca Integrada de

Bibliografia (BIB), e a própria *Scientific Electronic Library Online* (SciELO) caracteriza-se como ferramenta que colabora com as pesquisas. Esse avanço para a otimização do acesso a documentos do passado representa um processo com inúmeras transformações no modo de fazer pesquisa.

O History Lab, por exemplo, é uma ferramenta que facilita o trabalho do pesquisador. O projeto da Universidade de Columbia, nos Estados Unidos, busca transformar todo documento capturado em forma de imagem, por meio do *optical character recognition* (OCR), em arquivo de texto editável, possibilitando a busca por palavras, de modo a facilitar a indexação e a pesquisa por parte do historiador em determinado acervo. A justificativa para o desenvolvimento desse acessório está na constatação de que o volume de informações e de documentos gerados na contemporaneidade impede que métodos tradicionais satisfaçam a demanda.

Diante do exposto, você pode questionar: Qual será o problema se o pesquisador não tiver acesso a tudo o que é produzido na área de história, por exemplo?

A questão não se limita a esse aspecto, pois se estende às exigências de conhecimento básico dos temas de interesse para a pesquisa. Em qualquer trabalho na área de história ou nas ciências humanas, em geral, algum leitor qualificado pode identificar ausências comprometedoras na pesquisa, as quais poderiam contribuir para o que outro pesquisador poderia vir a buscar, por exemplo. Assim, o acesso a essa determinada informação pode significar o enriquecimento do trabalho.

Partindo de documentos já digitalizados, o History Lab prevê o processamento da busca por palavras. Novamente, devemos reforçar a enorme diferença entre documentos já produzidos na origem no meio digital, como no caso do projeto History Lab, que analisou, em uma de suas fases, os *e-mails* de Hillary Clinton, e um manuscrito do século XVI em alemão arcaico, por exemplo. Sob essa ótica, um programa de OCR que transforma imagem em texto foi um grande avanço para a digitalização dos acervos históricos. Digitados ou manuscritos, tais documentos podem, graças a essa ferramenta, ser transformados em documentos editáveis[2].

Portanto, tanto para o funcionamento dos arquivos quanto para o trabalho do pesquisador, tais possibilidades permitem uma ampliação de oportunidades e de desenvolvimento do conhecimento.

Síntese

O acesso à informação é um processo caracterizado por diferentes fases ao longo da história, tendo em vista o que antigamente era considerado informação e como esta era utilizada nas instituições de poder. Nessa trajetória, a formação do profissional responsável por gerir a informação, bem como por organizar e disponibilizar um conjunto informacional como o arquivo, foi marcada não só por conquistas e reconhecimento, mas também por lutas para conseguir espaço.

Ainda que sem uma tradição de conservação de acervos, o Brasil iniciou a capacitação de seus profissionais nesse setor no mesmo momento em que tal função se institucionalizava no exterior. Foi a partir de 1994 que o Conarq e outros comitês e conselhos iniciaram uma campanha pela divulgação das normas e da legislação voltadas à preservação de documentos.

---

2 *É curioso o fato de que já em 1953 essa tecnologia havia sido desenvolvida e registrada pela International Business Machines Corporation (IBM), empresa estadunidense de informática.*

A luta pelo reconhecimento da importância dos arquivos foi assumida por esses setores porque nem todos os municípios brasileiros têm um arquivo público, como determina a Constituição Federal de 1988. Nesse sentido, reconhecer esse processo e o desenvolvimento dos mecanismos oficiais de preservação dos documentos e da memória nacional é essencial para o pesquisador, que deve manter-se informado quanto aos avanços nos sistemas de buscas e à divulgação dos acervos documentais.

Indicações culturais

Filmes

ROGUE One: uma história Star Wars = Rogue One: a Star Wars Story. Direção: Gareth Edwards. EUA, 2016. 134 min.

Nesse filme, que integra a saga da franquia Star Wars, um dos personagens é um *backup* dos arquivos da construção da Estrela da Morte, a mais temível arma do Império.

O NOME da rosa = LE NOM de la rose. Direção: Jean-Jacques Annaud. Alemanha, 1986. 130 min.

Baseado no *best-seller* do escritor italiano Umberto Eco, o título dessa produção cinematográfica refere-se ao infinito poder das palavras. O filme mostra a importância dos documentos, independentemente dos suportes aos quais pertencem. O roteiro investigativo trata da manutenção do sigilo de certos livros para a reafirmação do poder de determinados setores – no caso, a Igreja. O filme promove uma interessante reflexão sobre os arquivos antigos sigilosos.

Atividades de autoavaliação

1. Sobre os sistemas de informação, assinale a alternativa correta:
   a) Os meios impressos sempre foram determinantes como sistemas de informação e, no período da Revolução Francesa, eram as únicas fontes de informação disponíveis.
   b) A informação, *grosso modo*, pode ser definida como um compilado de dados úteis sobre determinado assunto.
   c) O meio digital é o único suporte para os sistemas de informação contemporâneos.
   d) A invariabilidade nos sistemas de informação é uma característica desse ramo do saber.
   e) Sistemas de informação representam, somente, a coleta de dados.

2. Ciência da informação, arquivologia e museologia são algumas das áreas que estudam a produção de documentos e sua organização. Sobre essa temática, indique a alternativa correta:
   a) Os cursos de Biblioteconomia e Arquivologia surgiram, no Brasil, em 1911.
   b) A Lei n. 6.546, de 4 de julho de 1988, foi a primeira a estabelecer e a reconhecer o papel do profissional de arquivologia no país.
   c) Profissionais das ciências da informação e arquivistas estão categorizados na mesma instituição: a Associação de Pesquisadores do Brasil (APB).
   d) A necessidade de órgãos federais (como a Biblioteca Nacional e o Arquivo Nacional) formarem seus profissionais levou à oferta dos primeiros cursos no Brasil: Biblioteconomia, em 1911, e Arquivista, em 1922.
   e) Todas as universidades federais do Brasil têm obrigatoriamente cursos de Arquivologia.

3. Sobre os cursos de graduação em Ciências da Informação e Arquivologia, assinale a alternativa **incorreta**:
   a) Ambos os cursos apresentam conteúdos idênticos e, portanto, podem ser caracterizados como sinônimos.
   b) Configuram-se como disciplinas específicas, com metodologia e teoria próprias.
   c) O primeiro curso universitário de Arquivologia foi criado em 1976, na Universidade Federal de Santa Maria (UFSM).
   d) A maioria dos cursos de Biblioteconomia sofreu enormes mudanças na virada do século XX para o XXI, recebendo a denominação de *Ciências da Informação*.
   e) Com a banalização dos meios digitais, os cursos de Ciências da Informação e de Arqueologia foram extintos.

4. A função do arquivista é reconhecida como relevante no mundo inteiro. Sob essa ótica, é correto afirmar:
   a) A valorização desse profissional no país é evidente, e a inexistência da modalidade *técnico em arquivística* reforça esse respeito ao graduado em Arquivologia.
   b) As primeiras escolas de arquivologia de que temos notícia foram criadas em Atenas, no século X.
   c) Atualmente, há 16 universidades brasileiras que oferecem o curso de Bacharelado em Arquivologia na modalidade presencial.
   d) A Lei n. 4.084, que em 1962 estabeleceu formalmente a profissão de bibliotecário no Brasil, é a mesma que reconheceu a profissão de arquivista.
   e) Em 2010, foi criada a profissão de arquivista digital.

5. A respeito da legislação arquivística brasileira, assinale a alternativa correta:
   a) A Constituição de 1967 já assegurava o acesso total à informação como uma garantia do exercício da cidadania.
   b) Conhecida como *Constituição Cidadã*, a Carta Magna de 1988 articula o direito à informação ao pleno exercício da cidadania.
   c) Leis de arquivo, no Brasil, surgiram no início do século XX, mais precisamente em 1922.
   d) O Sistema Nacional de Arquivos (Sinar) foi criado em 1967, durante a Ditadura Civil-Militar.
   e) O Conselho Nacional de Arquivos (Conarq) foi extinto em 2012.

Atividades de aprendizagem

Questões para reflexão

1. A Declaração Universal sobre os Arquivos (DUA), de 2010, estabelece que "o livre acesso aos arquivos enriquece o conhecimento sobre a sociedade humana, promove a democracia, protege os direitos dos cidadãos e aumenta a qualidade de vida" (Declaração..., 2010). Tendo isso em vista, reflita sobre a relação entre o livre acesso aos arquivos e a questão da cidadania.

2. Ainda com relação ao exercício da cidadania, acesse na íntegra a Lei n. 12.527, de 18 de novembro de 2011, e reflita sobre a relação entre esse texto legal e a questão do acesso ao conhecimento.

BRASIL. Lei n. 12.527, de 18 de novembro de 2011. **Diário Oficial da União**, Poder Legislativo, Brasília, DF, 5 jul. 2011. Disponível em: <http://www.planalto.gov.br/ccivil_03/_ato2011-2014/2011/lei/l12527.htm>. Acesso em: 16 jun. 2020.

Atividade aplicada: prática

1. No *site* do Conselho Nacional de Arquivos (Conarq), há uma lista com a legislação estadual referente à arquivística. Selecione dois arquivos estaduais e dois arquivos federais e faça um comparativo em relação a alguns aspectos dessa legislação: por exemplo, data em que foi instituída, data da última lei aprovada, atualização do endereço digital da legislação estadual selecionada ou outro aspecto que você considerar relevante para a atividade.

BRASIL. Ministério da Justiça e Segurança Pública. Conselho Nacional de Arquivos. **Legislação estadual e municipal**. Disponível em: <http://conarq.gov.br/legislacao-estadual-municipal.html>. Acesso em: 16 jun. 2020.

CAPÍTULO 4
Acervos históricos

*Instituições criadas com a vocação declarada de preservar
a memória têm sempre caráter político, na medida em
que a memória é instrumento político, capaz de criar
identidades, de produzir um discurso sobre o passado
e projetar perspectivas sobre o futuro. Vale destacar, ainda,
que a memória, objeto central dos empreendimentos,
confere legitimidade ao projeto institucional e aos agentes
sociais que a ele se dedicam.*
(Heymann, 2005, p. 21)

A base do trabalhador não é o passado. Seria impossível sabermos o que realmente aconteceu em outras épocas sem uma máquina do tempo que nos transportasse até o momento de determinados acontecimentos. É por isso que o historiador trabalha com os registros desses momentos, ou seja, com os vestígios deixados pelo passado.

E onde os pesquisadores podem encontrar esses vestígios? Nas instituições de guarda: arquivos, museus e bibliotecas. E com relação especificamente aos arquivos, quais seriam os acervos históricos nessas instituições?

Com tanto acesso à informação, talvez a pergunta a ser feita seja outra: O que seriam acervos históricos realmente relevantes para um pesquisador? Sob essa ótica, neste capítulo, trataremos de alguns desses arquivos pelo mundo e pelo Brasil, entre os quais alguns têm interface digital e incorporaram avanços tecnológicos contemporâneos.

(4.1)
Arquivos no mundo

Segundo o historiador estadunidense Robert Darnton (2010), a Revolução Francesa, em 1789, caracterizou-se por uma revolta extrema contra todas as instituições do Antigo Regime. O colapso do regime foi total, e transformações profundas foram instauradas na organização da sociedade. Em todo aquele cenário de convulsão social, transformações profundas foram experimentadas pela sociedade francesa, indo desde os nomes dos meses do ano, passando pelos novos tratamentos na linguagem – em que o cidadão era a máxima dessa igualdade linguística –, até chegar a questões de comportamento familiar. Até mesmo as indumentárias exibiam o que representava todo esse desmoronamento da monarquia.

Um dos aspectos mais marcantes e que reafirmaram o aspecto revolucionário do evento foi a substituição do papel da Igreja pelo poder do Estado, o qual era legitimado pelas decisões do povo, isto é, por pessoas ordinárias, em um momento crucial da história em que a violência foi uma das protagonistas de todo o processo.

Nesse universo, um arquivo tal como o conhecemos atualmente foi fundado. Mas por que, diante da destruição de toda a opressão, era importante estabelecer um local de guarda de registros do passado? Justamente para legitimar a revolução, a violência, a transformação que estava em curso, bem como para preservar o passado.

O Arquivo Nacional Francês já encerrava nome nome seu significado. Não se tratava de um arquivo real, de um acervo que pertencia a algum monarca, e sim de algo da nação. Elementos simbólicos, como hino, bandeira, cores e outros itens, contribuíram para concretizar a existência de uma nação que estava em formação.

O arquivo foi criado após o evento de 14 de julho de 1789, ainda no momento monárquico, em que se procurava exercer a Constituição Francesa recentemente aprovada. Mas a preocupação com a guarda dos documentos foi o objetivo maior da fundação do arquivo. Mesmo com toda a tensão envolvida, a ameaça externa, o retorno dos antigos privilégios etc., a fundação do Arquivo Nacional Francês reforçou a intenção de estabelecer regras para a preservação do que representava um bem comum, ou seja, os documentos que pertenciam à nação. Em um primeiro momento, a intenção era o armazenamento da documentação geral pela Assembleia Constituinte. Assim, fundos individuais, arquivos de contas da Câmara e do Parlamento estariam todos centralizados. Unificar essa documentação foi o passo seguinte na constituição desse arquivo, quatro anos mais tarde.

Em 1794, a instituição se tornou repositório de todos os arquivos nacionais, tendo como missão centralizar os documentos da nação, disponibilizar seu conteúdo aos cidadãos franceses e, em 1796, criar uma rede de arquivos em cada capital departamental. A esse respeito, podemos perceber como a questão do acesso e da transparência era primordial na fundação desse arquivo nacional.

Como recebia arquivos provenientes de outras instituições, em 1841 o Arquivo Nacional Francês determinou a prática denominada *respect des fonds*. Ainda que o pioneirismo dessa prática possa ser questionado (Horsman, 2017), entendemos que foi essa instituição a primeira a descrever e delimitar que a proveniência dos fundos arquivísticos deveria ser respeitada.

Essa prática organizacional implica a ideia de que se deve respeitar a forma de organização original de um fundo, por ser a maneira mais fácil de adequar sua incorporação ao arquivo. Assim, a integridade do acervo deve ser mantida independentemente da forma organizacional do arquivo do qual fará parte.

Documentos eclesiásticos passaram a integrar esse acervo. Como já comentamos, tudo o que era da Igreja passou a ser responsabilidade do Estado. Entretanto, a fragmentação dos acervos em arquivos provinciais e municipais ainda provocava problemas na constituição do arquivo. Dessa forma, em 1804, Napoleão Bonaparte instalou o arquivo no Hotel de Soubise, que teria a função de concentrar todos os arquivos da França. Em 1846, o arquivo foi dividido em três seções: histórica, administrativa e judiciária (Marques; Rodrigues; Nougaret, 2018).

O problema da falta de espaço para receber tantos documentos foi resolvido em 1970, com a criação dos Archives Nationales, em Fontainebleau. Ainda assim, o crescente aumento da documentação demandou a construção e inauguração de um novo prédio. Moderno e com mais espaço, o prédio de Pierrefitte-sur-Seine foi inaugurado em 2013 e passou a abrigar os acervos do prédio histórico, de Fontainebleau e de outros espalhados, concentrando a documentação. O prédio histórico permaneceu como espaço expositivo, função compartilhada com outras instituições que também optaram por esse destino ao edifício.

O projeto de ampliação do Arquivo Nacional Francês já estava em discussão em 1995, mas a complexidade de sua construção levou ao adiamento de sua inauguração para o ano de 2013 apenas. O arquivo fez parcerias com a Wikipedia, com universidades e com centros de pesquisa e conta com um número expressivo de documentos sob sua custódia.

A edificação de construções específicas para o trato arquivístico também foi marcante no caso do National Archives and Records Administration (Nara), dos Estados Unidos. A primeira tentativa de sistematização e concentração de documentos em apenas um edifício ocorreu em 1934. No ano seguinte, os registros oficiais começaram a ser enviados para a sede hoje histórica do Nara. Essa sede foi construída em 1926, mas, de acordo com as leis de edificações do Congresso norte-americano, tinha uma fachada com colunas cujo estilo fora determinado naquela época como padrão dos órgãos federais dos Estados Unidos. O contexto dessa construção estava ligado ao *New Deal*, um plano de gastos que incluía o investimento em infraestruturas por parte do governo americano. Esse período foi marcado pela construção de diversos prédios públicos, justamente como uma manobra para superar a Crise de 1929 e um de seus aspectos mais tenebrosos, o desemprego.

A construção desse edifício revelou preocupações tanto com sua posição na geografia da cidade de Washington, em que o reforço no aterramento se mostrou necessário por conta das enchentes que atingiam o local, quanto com sua localização estratégica, entre o Capitólio e a Casa Branca – dois grandes produtores de documentos.

A arquitetura interna também foi pensada para a organização de arquivos, incluindo a conservação dos acervos com centrais de ar-condicionado, por exemplo. Terminado em 1937, o espaço já se mostrou insuficiente para acomodar a quantidade de documentos que ali deveria ser arquivada. Assim, novas ampliações foram feitas, mas ainda insuficientes.

Nos capítulos anteriores, já mencionamos as "disputas" entre bibliotecários e arquivistas no Brasil, no sentido de que as duas profissões se institucionalizaram quase ao mesmo tempo, formaram associações simultaneamente etc. Nos Estados Unidos, o embate entre arquivistas e os bibliotecários da Biblioteca do Congresso foi em relação à posse e exibição de documentos-chave para a formação do país. A Constituição Americana e a Declaração da Independência, dois dos mais importantes registros simbólicos para o povo americano, só foram incluídos na exposição permanente do Arquivo em 1952, depois de anos de negociação com os bibliotecários da Biblioteca do Congresso. Esse é mais um aspecto que reforça a questão dos poderes que envolvem a guarda de documentos[1].

Nos anos 1970, a necessidade de ampliação do espaço físico se tornou evidente. Os estudos realizados para a construção de novos edifícios mostravam que era inviável encontrar o espaço suficiente naquela zona central da capital americana. A solução foi procurar o terreno no subúrbio. Assim, em 1994, foi inaugurado o Nara II na cidade de College Park, em Maryland.

---

1 Presente em ficções hollywoodianas, a ameaça de ataques contra esses documentos é compartilhada pelos estadunidenses. Em visitas ao Nara, é possível perceber o forte sistema de segurança, que chega até a ser desproporcional, se comparado com os outros andares do edifício. Todo esse aparato de segurança reflete o valor e o poder que têm os registros da memória e da história do país.

A nova sede do Nara tem seis andares e foi pensada para ser um arquivo do século XX, com otimização de prateleiras, sistemas de conservação, acesso aos pesquisadores e toda a estrutura necessária para a guarda de documentos de diferentes suportes. Por ano, são 22 mil solicitações de pesquisa e cerca de 48 mil pesquisadores que se dirigem até os locais para fazer suas buscas.

A interface digital desse arquivo apresenta uma indexação eficiente e permite o acesso *on-line* a grande parte do acervo. Por exemplo, se você estivesse procurando informações sobre a participação do Brasil na Segunda Guerra Mundial e seu objetivo fosse encontrar alguma imagem, você chegaria a um documento como a foto mostrada a seguir, na Figura 4.1.

Figura 4.1 – Despedida de Getulio Vargas

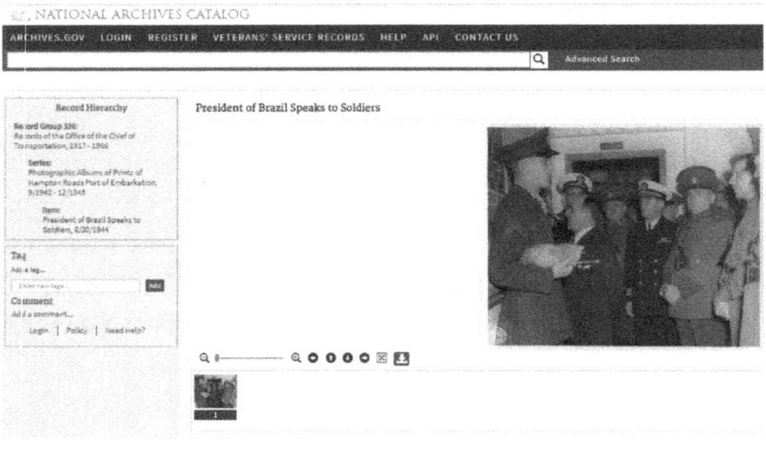

T/Sgt. Joseph Shere, U.S. Army Signal Corps

Fonte: United States of America, 2020.

O registro fotográfico se refere à imagem do então presidente Getúlio Vargas, no dia 30 de junho de 1944, saudando os soldados que embarcavam para a guerra com destino à Itália, enquanto o navio ainda estava no Rio de Janeiro.

Ao lado esquerdo da imagem, destacamos o RG (*record group*) – registro de grupo – a que esse documento pertence. Usando-se essa numeração, é possível realizar a pesquisa nesse acervo, bem como promover uma pesquisa prévia da documentação que se busca localizar nos arquivos do Nara, de modo a facilitar e agilizar o trabalho de pesquisa.

O volume da documentação desse arquivo, sua classificação e indexação e a abrangência do acervo podem ser constatados pelos números de acesso e visitantes a esse espaço – diversas nacionalidades de pesquisadores podem ser identificadas. Ainda assim, a eficiência, aliada à clareza das regras e de protocolos para as mais variadas situações, permite que o pesquisador tenha tranquilidade e conforto durante sua pesquisa. Além disso, a segurança de que o documento que se procura estará disponível de acordo com a indexação consultada antecipadamente otimiza todo o processo de pesquisa.

Outro arquivo significativo é o National Archives do Reino Unido, localizado no distrito de Kew, em Londres. Embora o prédio seja datado de 2003, sua origem remete ao Public Record Office (PRO), criado em 1838, que constituía os arquivos nacionais antes da implementação do Arquivo Nacional.

A fragmentação sempre foi uma marca dos arquivos britânicos. Em 2003, quatro instituições participaram dessa fusão para concretizar a existência de um arquivo nacional:

- Public Record Office (PRO);
- Historical Manuscripts Commission (HMC);

- Office of Public Sector Information (OPSI);
- Her Majesty's Stationery Office (HMSO).

Em seu *site* oficial, o National Archives britânico afirma ter mil anos de história em documentos. A interface digital desse arquivo apresenta inúmeras possibilidades de pesquisa e orientação de como organizar um arquivo. O compartilhamento de experiências arquivísticas é um ponto interessante e também bastante explorado por essa instituição.

O arquivo britânico possibilita ainda o acesso a seções de *podcasts*[2] e a vídeos, ferramentas que demonstram a atualização dessa instituição em relação às mídias atuais. Além disso, existe uma parceria entre as instituições de pesquisa que contribuem para o avanço do conhecimento.

Considerando a abordagem britânica de divulgação de seu arquivo, merece destaque também a celebração de efemérides como uma possibilidade de atrair um público maior para seu acervo. Desde 2014, o centenário da Primeira Guerra Mundial tem recebido enorme destaque nessa instituição. Em 2019, a celebração do fim do conflito também foi destacada no *site* – coleções e documentos variados (sobre os animais e a guerra, a participação feminina, a ciência e outros temas, por exemplo) foram amplamente promovidos na distribuição e apresentação da página.

Outro arquivo importante pelo seu acervo é o Arquivo Nacional Torre do Tombo, em Lisboa, uma das instituições mais antigas de Portugal – seu registro como arquivo real data de 1378.

---

2 Podcasts *são arquivos em áudio sobre determinados assuntos.*

Em 1755, com o grande terremoto que aconteceu na capital portuguesa, a torre ruiu. Seu acervo foi recolhido dos escombros e passou a ocupar o que hoje é o Palácio de São Bento. Até que, em 1990, uma construção projetada especificamente para a função de arquivo foi inaugurada na Cidade Universitária de Lisboa, atual localização da Torre do Tombo.

Desde então, a existência de uma política nacional de proteção aos arquivos permitiu o constante aprimoramento desse espaço, que se constitui, de fato, em um dos arquivos mais eficientes e modernos do mundo. Em seu acervo constam documentos que datam do século IX e, até mesmo, outros presentes em suportes contemporâneos. Portanto, trata-se de milhares de documentos que interessam aos brasileiros e aos pesquisadores do Império português.

Um dos destaques desse arquivo é sua interface digital. A facilidade e eficiência na consulta *on-line* desse acervo são pontos de destaque. Grande parte de sua documentação está microfilmada, conservando-se os originais em segurança e facilitando-se o acesso e a divulgação entre os pesquisadores. A navegação pelo *site* do Arquivo Nacional Torre do Tombo é eficiente e permite inúmeras possibilidades de acesso a uma documentação valiosa.

Se possível, acesse o endereço digital do arquivo e realize uma pesquisa, pois observar a forma de organização dos fundos, as imagens disponibilizadas, entre outros aspectos, revela-se como uma experiência que enriquece o trabalho do pesquisador[3]. Podemos sugerir um exemplo de busca que poderá ser realizada no *site*. Para isso, vamos considerar uma temática relevante do ponto de vista

---

3   O endereço é: PORTUGAL. Arquivo Nacional Torre do Tombo. **Base de dados Digitarq**. Disponível em: <https://digitarq.arquivos.pt>. Acesso em: 16 jun. 2020.

interdisciplinar e rica em registros: a Inquisição. São inúmeras as possibilidades de abordagem por parte dos pesquisadores tanto da área de história como do direito e da antropologia. No *site* do arquivo português, ao fazer uma busca por essa temática, você encontrará a página mostrada na Figura 4.2.

Figura 4.2 – *Print-screen* da página do Arquivo Nacional Torre do Tombo

Fonte: Inquirição de testemunhas sobre ordem do Conde de Alva para ser solto o preso António Ribeiro e questão suscitada com o Inquisidor Manuel Marques de Azevedo PT/TT/TSO-CG/026/0038.00015 Tribunal do Santo Ofício, Conselho Geral, mç. 38, n.º 15 "Imagem cedida pelo ANTT". Portugal, 2020.

Observe a data do documento, a referência do fundo a que pertence, seus códigos etc.; são informações detalhadas e relevantes. Ao selecionar o campo "Visualizar", você terá acesso ao documento original, sendo uma de suas páginas mostradas na Figura 4.3.

Figura 4.3 – Relatório do inquiridor Manuel Marques de Azevedo

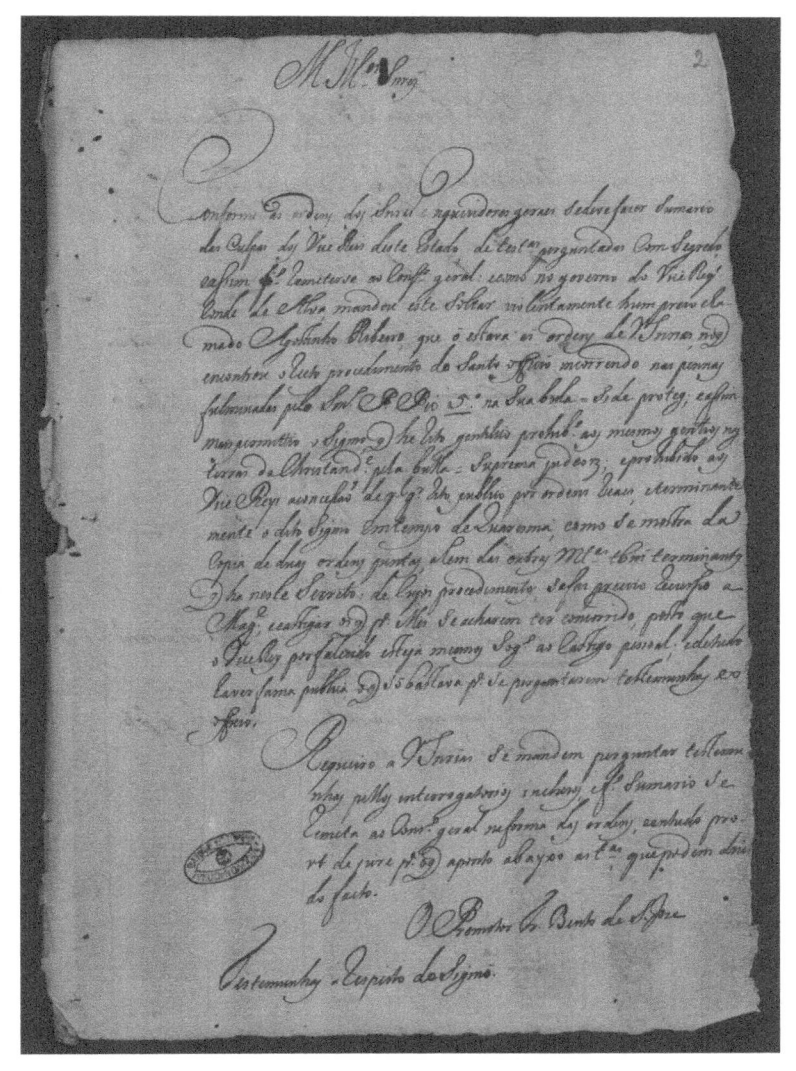

Fonte: Tribunal do Santo Ofício, 1757.

O documento se refere à inquirição de testemunhas sobre a ordem do Conde de Alva para a soltura do preso António Ribeiro. Para os pesquisadores do período, o estado do documento é perfeito. Obviamente, noções de paleografia contribuiriam para a leitura do registro. Porém, há *softwares* que, em alguns casos, resolvem esse problema por meio da conversão de textos manuscritos. Cabe ressaltar que noções de paleografia podem ser obtidas em outros materiais e mesmo em cursos específicos, quando a pesquisa exige tal habilidade.

(4.2)
Arquivos no Brasil

Nos exemplos analisados neste capítulo, podemos perceber algumas semelhanças entre as instituições arquivísticas internacionais. Geralmente, com o passar dos anos, o edifício original dos arquivos nacionais se torna incapaz de receber o volume de documentação produzido por tanto tempo, e as soluções propostas passam necessariamente pelo projeto e pela construção de novos arquivos.

Esses novos edifícios, normalmente localizados em regiões mais afastadas dos centros urbanos, são projetos específicos para o recebimento desse tipo de atividade. Assim, tais projetos presumem especificações relativas a elementos como espessura e composição de paredes, sistemas contra incêndio, sistema de ambientação para proteção de acervo contra mofo, poeira, umidade etc. A especificidade dessas construções, considerando-se as normas atuais de integridade e de segurança dos acervos, garante que a memória será preservada adequadamente nesse ambiente.

Diante desse cenário, podemos questionar: Como são as instituições arquivísticas nacionais? De que forma esses espaços se configuram e como protegem seu acervo e o disponibilizam? Na sequência, apresentaremos alguns exemplos do panorama atual dos arquivos no Brasil e as ações e tentativas para solucionar suas limitações e garantir a guarda de nosso patrimônio documental.

A primeira instituição que analisaremos é o Arquivo Nacional, fundado em 1838. Com o nome de Arquivo Público do Império, seu acervo era dividido em três partes: legislativa, administrativa e histórica. Sua origem remete à Constituição de 1824, que já previa sua existência.

Em um momento de insegurança diante da administração das regências, algumas instituições nacionais foram criadas com o objetivo de fortalecer os laços entre os brasileiros. Assim, a Seção Judiciária, a Mapoteca e a Biblioteca foram incorporadas em 1876. Antes disso, em 1873, o acervo foi aberto ao público. Em 1893, com a mudança de regime (a República), o acervo mudou de nome e passou de Arquivo Público do Império para Arquivo Público Nacional. Foi apenas em 1911 que o nome atual (Arquivo Nacional) foi adotado (Estevão; Fonseca, 2010).

Um momento-chave para essa instituição ocorreu durante a gestão de José Honório Rodrigues, que, em 1958, estabeleceu uma política de arquivos, com objetivos e atribuições. Em comparação com outras instituições arquivísticas desse período, o Arquivo Nacional não pertencia a nenhuma instância decisória de poder até aquele momento.

Em 1960, a capital federal foi transferida do Rio de Janeiro para Brasília. E, nesse cenário, qual foi a preocupação com o Arquivo Nacional? Outros órgãos públicos foram transferidos, mas o Arquivo do Itamaraty, depositário de nosso acervo de relações internacionais, permaneceu com a documentação relacionada ao arquivo no Rio de Janeiro até 1960, ao passo que a sede em Brasília obteve a documentação desse ano em diante.

Assim, o Arquivo Nacional seguiu os outros órgãos, embora nunca tenha recebido um prédio próprio. Em 1998, assumiu parte da Imprensa Nacional, mas até o momento não há previsão de instauração de uma sede moderna como nos padrões internacionais.

Ainda que com muitas limitações e sem apoio, o Arquivo Nacional mantém um acervo riquíssimo. Oito de seus conjuntos documentais foram nominados pelo selo Memória do Mundo, da Unesco.

Nos anos 1970, como já mencionamos em capítulos anteriores, a existência de cursos superiores para a formação de profissionais destinados às funções arquivísticas foi decisiva para que o Arquivo Nacional assumisse sua função de gestor da memória nacional.

Esse cenário só se tornou possível em virtude do convênio estabelecido entre a instituição e a Universidade Federal do Rio de Janeiro (UFRJ), por meio da oferta de curso de graduação em Arquivologia, em 1977. No final dessa década, uma modernização institucional e administrativa foi promovida em convênio com a Fundação Getulio Vargas (FGV) e o Ministério da Justiça.

Em 1985, o arquivo foi transferido para sua atual sede, um prédio que antes era ocupado pela Casa da Moeda e que foi um dos primeiros edifícios tombados pelo Instituto do Patrimônio Histórico e Artístico Nacional (Iphan). Apesar de todo o contexto nacional e da falta de investimentos reais nessa instituição, o Arquivo Nacional segue procurando se reinventar na intenção de ser relevante ainda no século XXI.

A interface digital do Arquivo Nacional já foi comentada em outros momentos deste livro. Aqui sugerimos a você que acesse as exposições digitais presentes em seu domínio digital.

Outras instituições arquivísticas também podem ser destacadas como espaços de guarda e preservação da memória nacional. Por exemplo, arquivos das Forças Armadas constituem acervos riquíssimos de possibilidades para os pesquisadores. Discussões sobre tecnologia, política, cotidiano, comportamento (muito mais do que apenas aqueles violência, guerras ou repressão) são encontradas nesses registros. As instituições brasileiras que guardam tais acervos seguem todos os protocolos e critérios estabelecidos pelos acordos internacionais de arquivística. Ainda assim, podemos notar algumas diferenças entre os arquivos militares.

Um dos maiores arquivos militares que existem no Brasil é o Arquivo Histórico do Exército (AHEx). Como o próprio nome indica, o arquivo é histórico. Mas o que isso significa nesse contexto? Departamentos, setores e unidades que foram desativados enviaram seus arquivos para a guarda do AHEx. Da mesma forma, unidades que ainda estão na ativa continuam a manter seus acervos em suas guarnições de origem. Esse aspecto é essencial para a compreensão de um pesquisador, já que, por vezes, a informação que pretende encontrar é bastante antiga, porém a unidade à qual pertence ainda existe. Logo, é nesse local que se encontra a informação buscada.

O AHEx funciona no Palácio Duque de Caxias, antigo Ministério da Guerra, no Rio de Janeiro. Sua origem remonta à tentativa de Dom João VI, ao se instalar com a corte no Brasil, de manter aqui o acervo gerado pela administração e, também, de guardar os arquivos sobre a defesa e as informações das colônias portuguesas.

Em geral, quando se faz referência ao evento da fuga da família real portuguesa para o Brasil, em 1808, sempre se enfatiza o caráter emergencial da viagem e o número de 15 mil pessoas que acompanharam o rei. No entanto, também é importante destacar como o rei percebia o valor de seu arquivo, fato comprovado pelo transporte desse acervo para o Brasil. Além disso, não devemos nos esquecer da relação entre saber e poder inerente à posse de conhecimentos – nesse caso, documentos, mapas etc. Tais elementos reforçam a garantia de exercer o poder, bem como a autoridade sobre determinado assunto. Nesse cenário, surgiu o Real Archivo Militar, cuja função era guardar, registrar e conservar a documentação considerada estratégica pela Coroa portuguesa, principalmente os mapas das colônias. Sua localização inicial era onde atualmente está o Museu Histórico Nacional. É fundamental não confundir o Museu Histórico Nacional com o Museu Nacional, que sofreu um incêndio em 2018 e foi totalmente destruído. O Museu Histórico Nacional tem sua história ligada à independência, e sua fundação também ocorreu em 1822. Quando D. Pedro I declarou a independência do Brasil, no mesmo ano, a instituição mudou seu nome para Archivo Militar.

Esse arquivo passou por diversas localizações, até que, entre 1897 e 1908, foi instalado próximo ao Campo de Santana, parque localizado na Praça da República, no Rio de Janeiro, em frente à atual Central do Brasil. Segundo informações do próprio *site* da instituição, "Em 8 de março de 1934, o Arquivo do Exército foi transformado em Organização Militar subordinada ao Departamento Central da Secretaria de Estado da Guerra e em 5 de setembro de 1986, recebeu a denominação de Arquivo Histórico do Exército" (Brasil, 2020c).

A sede atual do arquivo, o sexto andar do Edifício Duque de Caxias, foi inaugurada em 1941. Até 1971, o nome do edifício era Ministério da Guerra. Em 1974, finalmente, recebeu o título de Palácio Duque de Caxias.

O acervo é valioso para o estudo da história militar, com destaque para mapas, tratados e demais documentos. Um dos acervos mais importantes que compõem esse espaço se refere à Guerra do Paraguai. Além disso, o fundo da Força Expedicionária Brasileira (FEB) também é bastante completo nesse arquivo.

Cada vez mais a instituição investe em funcionários, a maioria formada e qualificada para a função. O arquivo recebeu o selo Memória do Mundo da Unesco, em 2013, pelo fundo Canudos, que contém arquivos sobre a Guerra de Canudos, ocorrida entre 1896 e 1897. Já comentamos sobre a dificuldade do Conselho Nacional de Arquivos (Conarq) em garantir a existência de arquivos públicos municipais. Esse setor é um dos que infelizmente têm o menor número de exemplos positivos na gestão documental.

O Arquivo Geral da Cidade do Rio de Janeiro é uma exceção nesse desolador cenário de inexistência de arquivos municipais. Com uma interface digital bastante completa, o arquivo disponibiliza sua lista de guia de fundos, além de seu acervo audiovisual.

Gradativamente, acervos permanentes e históricos passaram a ser digitalizados e vêm aumentando o volume desse arquivo. A origem da cidade do Rio de Janeiro, no século XVI, já remete à existência de um arquivo produzido por determinação do governador-geral do Brasil, Mem de Sá, que preservava a documentação da Câmara. No entanto, são os acervos do século XIX em diante que realmente indicam a formação de um arquivo nos padrões dos arquivos modernos existentes naquele período.

No trabalho desenvolvido por esse arquivo, merecem destaque o número e a qualidade das publicações da instituição. A praticidade da pesquisa por meio de seus acervos serve como estímulo aos pesquisadores, além de contribuir para a confirmação da relevância em promover a manutenção desses acervos e a divulgação do conhecimento histórico.

A esse respeito, observe a Figura 4.4, a seguir, que mostra a página do Arquivo Geral da Cidade do Rio de Janeiro com a disponibilização de algumas publicações históricas para consulta.

Figura 4.4 – Publicações do Arquivo Geral da Cidade do Rio de Janeiro

Fonte: Rio de Janeiro, 2020.

Assim como a maioria das instituições de pesquisa brasileiras, o arquivo nem sempre consegue padronizar e receber adequadamente todo o acervo que é doado ou transferido para a sua custódia. Cabe destacar que, em 2013, quando o serviço funerário no Rio de Janeiro foi transferido para uma concessão particular, o acervo dos cemitérios que estava em posse da Santa Casa de Misericórdia foi doado para o Arquivo Geral da Cidade do Rio de Janeiro.

Sua composição conta com cerca de 2.164 livros, sendo 1,5 mil proveniente da Santa Casa de Misericórdia, incluindo, no total, a documentação de 13 cemitérios. Livros mortuários valiosíssimos para pesquisadores cemiteriais e demais interessados foram armazenados na "garagem" do arquivo. Até que, em 2017[4], a instituição foi denunciada pela imprensa em virtude das inadequadas condições de custódia. Nesse momento, a gestão do arquivo se comprometeu a promover a digitalização do acervo. Infelizmente, porém, até o presente momento isso não se tornou realidade.

Um dos arquivos estaduais mais antigos do Brasil é o Arquivo Público do Paraná, criado em 7 de abril de 1855, pensado primeiramente como espaço para preservar a memória impressa e manuscrita da história e geografia paranaense. Contudo, logo o aumento da burocracia do Estado incrementou o acervo, exigindo consideráveis mudanças físicas para a instalação da instituição, cada vez maior e mais necessitada de recursos mais adequados (Paraná, 2020).

Desde 1987, o arquivo está subordinado à Secretaria da Administração, em 2019 denominada Secretaria da Administração e Previdência. Assim, toda a responsabilidade de gerir o patrimônio documental do Estado cabe a essa instituição (Paraná, 2020).

Os arquivos estaduais são instituições que, além de gerenciarem um grande volume de documentação administrativa, também são centros de memória e história. Ao longo dos anos, temos acompanhado um constante aprimoramento de suas ferramentas de pesquisa e do sistema de sua classificação de documentos. Convênios

---

4   *Para saber mais, leia o seguinte artigo* on-line: MARTINS, M. A. *Livros de cemitérios se deterioram em sala na garagem do Arquivo Geral da Prefeitura.* **G1**, *27 abr. 2017. Disponível em: <https://g1.globo.com/rio-de-janeiro/noticia/livros-de-cemiterios-se-deterioram-em-sala-na-garagem-do-arquivo-geral-da-prefeitura.ghtml>. Acesso em: 16 jun. 2020.*

e parcerias com outras instituições culturais contribuíram enormemente para o objetivo de tornar esse tipo de instituição em um arquivo do século XXI.

Entretanto, nem todos os arquivos estaduais passaram por esse processo. Por exemplo, o Arquivo Público do Estado da Bahia iniciou somente em agosto de 2019 sua maior reforma. O acervo desse arquivo é, sem dúvida, um dos mais ricos do Brasil. Ainda assim, a instituição até 2018 estava na lista de equipamentos culturais vulneráveis e em grande perigo de extinção. Ainda que muitos pesquisadores sejam prejudicados com o fechamento dessa instituição para recuperação e atualização, isso afasta o perigo da perda total de seu acervo, como aconteceu com o Museu Nacional, por exemplo.

O Arquivo Público do Paraná também já passou por inúmeras fases de precarização de sua função como instituição importantíssima para a memória e a história do Estado. Várias sedes que colocavam em risco seu grandioso acervo foram utilizadas nas décadas passadas para comportar os arquivos. Lamentavelmente, nos anos de 1990, as condições físicas na instituição eram precárias. Mesmo assim, em 1990, foi uma das primeiras instituições a abrir para consulta as fichas da antiga Delegacia de Ordem Política e Social (Dops). O acervo era riquíssimo para pesquisadores dos regimes autoritários tanto de Getúlio Vargas (1930-1945) como da Ditadura Militar Brasileira (1964-1985). Ainda assim, as condições de armazenagem e organização da instituição naquele momento eram sofríveis.

Embora ainda não contasse com uma sede física adequada, em 1992 o arquivo iniciou a microfilmagem de 692.547 documentos do Dops, outra importante contribuição para o avanço do conhecimento naquele período. Finalmente, em 2001, novas instalações, em conformidade com as normas de segurança exigidas por lei, foram entregues para conservar o acervo do arquivo e permitir de forma profissional e eficiente o acesso à consulta para a população em geral e os pesquisadores.

No artigo "Formas de interação entre arquivos estaduais e outras instituições culturais", publicado na *Revista Acervo*, a historiadora e professora da Universidade Federal do Paraná (UFPR) Cecília Westphalen enfatizou a necessidade de os arquivos estaduais manterem convênios e parcerias com instituições de pesquisa (no caso, universidades). Nas palavras dela, esses arquivos "encerram a experiência da comunidade, em sua maneira de ser, de sentir, de pensar, de agir, enfim, sua cultura, daí seu caráter e seu papel de patrimônio cultural" (Westphalen, 1988, p. 63).

As parcerias e os convênios com universidades continuam e colaboram para a divulgação do acervo do arquivo. A organização desse acervo, o acesso e a gestão documental são exemplos de profissionalismo no trato com os documentos históricos e com a informação em geral.

Síntese

As instituições arquivísticas do mundo inteiro procuram seguir os parâmetros discutidos pelos organismos das Nações Unidas voltados à preservação do patrimônio cultural.

Nesse sentido, até o final do século XX, os arquivos sofriam com a falta de espaço. Tal limitação se mostrava um desafio para essas instituições, que procuravam se modernizar e, ao mesmo tempo, entendiam sua missão de preservar acervos documentais raros. Assim, nos Estados Unidos, na França e na Grã-Bretanha, edifícios específicos para a demanda dos arquivos do século XXI foram projetados como forma de suprir essa necessidade.

No Brasil, identificamos algumas iniciativas positivas no trato com a documentação arquivística. O que predomina, no entanto, é o descaso com tais instituições. Diante disso, uma análise comparativa e um trabalho de cooperação entre as organizações se transformam em esperança para a mudança dessa atual configuração. Nesse contexto, podemos contar com o Arquivo Nacional, instituição que, mesmo diante de tantas ameaças, continua mantendo sua relevância na preservação do acervo documental brasileiro. Felizmente, mesmo com limitações e falta de investimento comprovadas, outras instituições arquivísticas brasileiras ainda se mantêm graças ao comprometimento de seus gestores e ao histórico de luta pela preservação da memória histórica do país.

Indicações culturais

Filmes

MEMÓRIAS da resistência. Direção: Marco Escrivão. Brasil, 2015. 76 min.

Esse filme apresenta documentos encontrados sobre a repressão vivida na Ditadura Militar Brasileira, no período de 1964 até 1985. Trata-se de uma análise que parte de uma vasta documentação sobre esse período.

A CIDADE do Rio de Janeiro. Direção: Humberto Mauro. Brasil, 1948. 13 min.

Esse é um documentário produzido pelo cineasta Humberto Mauro, um dos maiores diretores nacionais, com registros da cidade do Rio de Janeiro.

Sites

PORTUGAL. Arquivo Nacional Torre do Tombo. Disponível em: <http://antt.dglab.gov.pt>. Acesso em: 16 jun. 2020.

Vale a pena conhecer o *site* do Arquivo Nacional Torre do Tombo, que permite inúmeras pesquisas aos acervos portugueses. Trata-se de um magnífico projeto com a história dessa instituição de guarda de documentos de Portugal. No *site*, há inúmeras listas de documentos disponíveis no acervo digital.

ATLAS DIGITAL DA AMÉRICA LUSA. Disponível em: <http://lhs.unb.br/atlas/In%C3%ADcio>. Acesso em: 16 jun. 2020.

Trata-se de um projeto desenvolvido na Universidade de Brasília (UnB), que conta com um gigantesco acervo de mapas e verbetes, além de geoprocessamento histórico do período colonial do Brasil.

Atividades de autoavaliação

1. Os arquivos modernos são instituições ligadas ao fortalecimento dos nacionalismos. A respeito desse tema, assinale a alternativa correta:
    a) O primeiro arquivo moderno reconhecido como arquivo público é o National Archives, em Washington.
    b) Com o surgimento dos arquivos modernos, toda a documentação eclesiástica foi automaticamente repassada para tais instituições, inclusive registros de nascimento e de casamento.
    c) Os arquivos iniciaram a oferta de cursos de Paleografia, Diplomática e de outros assuntos para formar seus funcionários nas instituições de guarda.

d) Grandes arquivos, como a Torre do Tombo e o Arquivo Nacional do Brasil, não disponibilizam seus acervos digitalizados *on-line*.
e) O Arquivo Nacional Brasileiro foi fundado em 1500, com a chegada dos portugueses ao país.

2. Os acervos documentais são preservados em arquivos nacionais. A esse respeito, assinale a alternativa **incorreta**:
   a) Os arquivos nacionais geralmente têm sérios problemas de espaço, mas nas últimas décadas foi possível verificar a tendência de tais instituições construírem novas edificações modernas e adequadas ao que atualmente se espera de um arquivo.
   b) Estados Unidos e França são países que mantêm suas sedes originais dos arquivos como espaços expositivos; com relação aos elementos que compõem seus acervos, estes se encontram em sedes modernas.
   c) A Grã-Bretanha não tem um arquivo nacional, e sua documentação é fragmentada em arquivos pequenos espalhados pelos países que dela fazem parte.
   d) Documentos raros são expostos nas sedes históricas dos arquivos, como ocorre nos Estados Unidos quanto à Constituição Americana e à Declaração de Independência.
   e) O Arquivo Nacional do Brasil tem uma sede no Rio de Janeiro e uma coordenação regional localizada em Brasília.

3. Como estudamos neste capítulo, a Torre do Tombo é um importante arquivo cultural. Sobre essa instituição, assinale a alternativa correta:
   a) Foi totalmente destruída pelo terremoto de 1755 e teve todo o seu acervo perdido nessa ocasião.
   b) Seu *site* apresenta enormes problemas e é impossível acessar suas fontes *on-line*.
   c) Nenhum documento referente à colonização do Brasil permaneceu em poder da Torre do Tombo; todos foram transferidos para o Arquivo Nacional do Brasil.
   d) Caracteriza-se como uma das instituições mais antigas de Portugal, possuindo documentos do século IX.
   e) Sua sede principal está localizada na Cidade do Porto.

4. Como vimos, a tecnologia é um componente extremamente relevante no trabalho com arquivos. Considerando essa temática, assinale a alternativa correta:
   a) A maioria das instituições arquivísticas mantém excelentes *sites* e disponibiliza documentos textuais, imagens e até filmes em seus endereços virtuais.
   b) Geralmente, as instituições arquivísticas não se preocupam com os avanços tecnológicos e não têm *podcasts* ou pequenos filmes indexados em seus endereços virtuais.
   c) A burocracia é uma característica marcante dos *sites* relacionados às instituições arquivísticas; para fazer qualquer consulta, é necessário realizar um amplo cadastro, o que dificulta o processo.

d) Nenhum arquivo virtual pode disponibilizar imagens em seus endereços digitais.
e) A maior parte dos arquivos nacionais não permite o acesso à sua base digital.

5. Com relação aos arquivos brasileiros, assinale a alternativa correta:
a) Todos os estados da Federação mantêm instituições arquivísticas de padrão europeu, com prédios modernos e preservados.
b) O Arquivo Nacional foi destruído por um incêndio em 2018.
c) O primeiro arquivo no Brasil foi fundado em 1838: o Arquivo Nacional.
d) As instituições arquivísticas brasileiras estão interligadas, e a prática de troca de documentação entre elas é constante.
e) O Amazonas é o único estado da Federação que não dispõe de um arquivo público.

Atividades de aprendizagem

Questões para reflexão

1. No projeto *Voyages: The Transatlantic Slave-Trade*, mantido pela Universidade Emory, em Atlanta, no Estado da Georgia, Estados Unidos, há uma base de dados com contribuições de diversos pesquisadores sobre as viagens e o tráfico negreiro entre a África e a América. Trata-se de um verdadeiro memorial digital que dispõe de uma versão em português. Que tal visitar o *site* e conhecer o projeto? Reflita sobre como esse acervo pode ser útil para a pesquisa histórica. Faça uma simulação de

um ano e identifique quantas viagens entre a África e o Brasil foram realizadas no período escolhido. Compare com as viagens ocorridas entre a África e outros países no mesmo ano.

VIAGENS EM ESCRAVO. Disponível em: <https://www.slavevoyages.org>. Acesso em: 16 jun. 2020.

2. Utilizando o mesmo banco de dados acessado na atividade anterior, pesquise na seção "Ensaios" as histórias dos escravos africanos e analise como esses exemplos podem ser articulados aos recursos disponíveis no *site*.

Atividade aplicada: prática

1. O Instituto Moreira Salles (IMS) dispõe de um projeto dedicado à memória iconográfica. Na página do instituto, na seção "Brasiliana Iconográfica", pesquise imagens da escravidão. Selecione duas dessas imagens e as relacione com os dados já pesquisados no projeto *Voyages: The Transatlantic Slave-Trade*, consultado na atividade anterior.

IMS – Instituto Moreira Salles. Disponível em: <https://ims.com.br/>. Acesso em: 16 jun. 2020.

Adriane Piovezan

CAPÍTULO 5
O patrimônio documental

*[...] os textos ou os documentos arqueológicos, mesmo os
aparentemente mais claros e mais complacentes,
não falam senão quando sabemos interrogá-los.*
(Bloch, 2001, p. 79)

A expressão *Patrimônio Mundial da Humanidade* é bastante divulgada na imprensa ou nos próprios monumentos ou espaços que detêm esse título. Certamente, se você fosse desafiado a citar um exemplo de patrimônio da humanidade, diversos monumentos ou atrações seriam lembrados, pois o termo é comumente associado ao objeto arquitetônico. Mas e quanto ao objeto documental?

Assim como no caso dos monumentos, o acervo documental é um patrimônio da humanidade que merece ser reconhecido, apreendido e preservado. A definição de *patrimônio documental* se refere ao acervo de um povo que tem valor histórico e literário e é preservado. Nesse sentido, a diversidade do material em suporte bibliográfico ou arquivístico integra a memória e a cultura de uma sociedade. A fragilidade desse patrimônio estimulou a criação de programas por parte da Organização das Nações Unidas para a Educação, a Ciência e a Cultura (Unesco) que incentivam a preservação desses bens no mundo e orientam sobre como fazê-lo. Sob essa ótica, neste capítulo, trataremos de patrimônio, patrimônio documental e política de preservação desses documentos.

(5.1) O QUE É PATRIMÔNIO?

Na *Enciclopédia Einaudi*, o verbete *ruína* é definido como uma "transformação psicológica de dado natural, de enorme interesse" (Carena, 1989, p. 107). Esse dado pode rememorar ou um passado glorioso ou um evento traumático. Assim, relíquias como essas (passado ou evento) formam elos entre a lembrança e o esquecimento. Determinadas ruínas compõem o patrimônio da humanidade. Mas, afinal, o que é patrimônio?

O historiador Pedro Paulo Funari lembra que patrimônio tem origem latina, patrimonium, *que se referia, entre os antigos romanos, a tudo o que pertencia ao pai,* pater *ou* pater famílias, *pai de família. Portanto, percebe-se que o termo está ligado ao âmbito privado do direito de propriedade, posto que era patriarcal, individual e privativo da aristocracia* (Castro, 2008, p. 11)

Em outros tempos, *patrimônio* esteve associado à ideia de bens reais ou bens aristocráticos, e somente recentemente esse significado foi ampliado. Após o fim da Segunda Guerra Mundial (1939-1945), as noções de diversidade cultural e de necessidade de preservação do patrimônio começaram a se fazer presentes nas discussões sobre a temática.

Tendo em vista essa terminologia, o patrimônio se associa ao que é privado, ao direito à propriedade. Nesse contexto, a ideia de bens culturais coletivos ainda não tinha sido incorporada ao vocabulário e muito menos ao cotidiano das sociedades. Tal constatação reforça o aspecto recente de tais condições na história da humanidade, em que o simbolismo de uma herança paterna indica sua perpetuação através das gerações.

Ainda assim, a ideia de que alguns bens devem ser preservados porque são patrimônio e outros devem ser eliminados porque significam apenas atraso e limitação esteve presente e até mesmo se pôde fazer notar nas políticas públicas de preservação.

Diariamente nos deparamos com casos assim. Ou será que você, leitor, nunca reparou como palacetes ou outros conjuntos arquitetônicos ricos em detalhes, composição e tamanho são mais preservados do que moradias simples de antigos funcionários da rede ferroviária federal, por exemplo? Tal prática não é privativa de patrimônio material arquitetônico, pois vale também para os outros ramos culturais.

O respeito e a valorização de minorias e de patrimônios desses grupos, sejam materiais, sejam imateriais, são citados na Constituição Brasileira de 1988. Em seu art. 216, o texto legal define:

Art. 216. Constituem patrimônio cultural brasileiro os bens de natureza material e imaterial, tomados individualmente ou em conjunto, portadores de referência à identidade, à ação, à memória dos diferentes grupos formadores da sociedade brasileira, nos quais se incluem:

I – as formas de expressão;

II – os modos de criar, fazer e viver;

III – as criações científicas artísticas e tecnológicas;

IV – as obras, objetos, documentos, edificações e demais espaços destinados às manifestações artístico-culturais;

V – os conjuntos urbanos e sítios de valor histórico, paisagístico, artístico arqueológico ecológico e científico. (Brasil, 1988)

A lei prevê essa preservação, mas, na prática, ainda prevalece a tendência de manter o que é considerado de valor com base em determinados padrões que não refletem o que é essencialmente cultural. Essa questão pode ser ilustrada com o fato de que templos religiosos como igrejas católicas são preservados ou merecem atenção por parte das instituições ligadas à defesa do patrimônio bem mais do que imóveis de outras agremiações religiosas.

Por exemplo, em 2011, foi noticiado que uma casa de umbanda – expressão de religiosidade que envolve elementos cristãos e africanos, considerada culto religioso 100% brasileiro, que surgiu em 16 de novembro de 1908 – foi demolida em São Gonçalo, no Rio de Janeiro (Dias, 2011).

Sob essa ótica, podemos nos perguntar: O que é patrimônio, de fato? Do ponto de vista institucional, os bens culturais intangíveis, como tradições, costumes e ritos, bem como os bens culturais tangíveis, como igrejas, imóveis, objetos e coleções, devem ser preservados pelos órgãos federais responsáveis por esses setores.

Ainda sobre a questão da umbanda, em 2016 um dos primeiros terreiros do Rio de Janeiro, a Tenda Espírita Vovó Maria Conga de Aruanda, no Estácio, foi declarada Patrimônio Imaterial da Cidade pelo Instituto Rio Patrimônio da Humanidade (IRPH). Esse reconhecimento, no entanto, chegou tarde para a Tenda Espírita Nossa Senhora da Piedade, nome que sucedeu ao de Casa de Zélio de Moraes, em São Gonçalo. O Instituto do Patrimônio Histórico e Artístico Nacional (Iphan) respondeu que jamais havia recebido um pedido de tombamento do imóvel. Por isso, a sede original foi legalmente demolida em 2011 (Barreto Filho, 2011).

Instituições oficiais do Estado são responsáveis pela preservação do que é considerado patrimônio: acervos documentais, festas, monumentos e outros exemplos arquitetônicos. Mas quando surgiram os órgãos de preservação do patrimônio no Brasil?

Em nosso país, assim como ocorreu em outras nações a partir do século XX, a preocupação com a preservação de bens culturais estava associada a um ideal de garantir a história e a memória de uma identidade nacional. Durante o primeiro governo de Getúlio Vargas (1930-1945), inúmeras ações procuraram valorizar esse aspecto de enaltecimento do coletivo, da pátria.

Nesse sentido, diversas dessas ações promoveram esse debate. Podemos citar como exemplo o surgimento do Serviço do Patrimônio Histórico e Artístico Nacional (SPHAN), fundado em 1937 com o objetivo de "promover, em todo o Paiz e de modo permanente, o tombamento, a conservação, o enriquecimento e o conhecimento do patrimônio histórico e artístico nacional" (Brasil, 1937).

Na Lei n. 378, de 13 de janeiro de 1937 (Brasil, 1937), foi solicitada a união entre as instituições de guarda de acervos, como o Museu Histórico Nacional e o Museu Nacional de Belas Artes. Sobre o SPHAN, afirmam Rezende et al. (2015, p. 2): "Nos noves anos de funcionamento do Serviço, foram tombados 474 bens, sendo que 246, ou 52% desse total, somente em 1938".

O tombamento é a garantia de preservação do bem cultural, um instrumento técnico, jurídico e administrativo que assegura essa guarda junto aos proprietários do que é tombado, independentemente de tal bem ser privado ou público. Essa imposição leva ao cuidado com esses bens. Realizado pelo Estado, o tombamento representa o principal instrumento de guarda de determinado patrimônio cultural.

Geralmente, os tombamentos podem ocorrer nas esferas federal, estadual e municipal[1]. Nesse sentido, "a decisão de preservar ou não um bem por meio do tombamento é de interesse público; portanto, a eventual oposição do proprietário ao tombamento não o obstaculiza, senão quando demonstrado erro cometido pela Administração na sua fundamentação ou no procedimento" (Rabello, 2020, p. 10).

Os primeiros tombamentos aconteceram nos conjuntos arquitetônicos de Ouro Preto, Diamantina, Mariana e São João Del Rey. O Cemitério do Campo Maior, no Piauí, foi o primeiro cemitério tombado no Brasil, em 30 de novembro de 1938. O local da Batalha de Jenipapo, que deu origem a esse lugar de memória, inscreveu-se nas lutas pela independência do Brasil.

Em 1946, o SPHAN mudou de nome e passou a se chamar Instituto do Patrimônio Histórico e Artístico Nacional (Iphan), encarregado

---

1   Assim como ocorre com os arquivos, nem todo município brasileiro possui bens tombados pela instância municipal. Curitiba é um deles.

da identificação, catalogação, restauração, conservação, fiscalização e difusão dos bens culturais. A discussão entre preservação e modernização foi a tônica do instituto nas décadas de 1950 e 1960. Nesse período, conhecido também como *desenvolvimentismo*, investiu-se na construção de ideais modernos que também passavam pelas questões estética e material. Como exemplo, citamos a construção de Brasília por Juscelino Kubitschek, cidade modernista inaugurada em 1960. O próprio JK nascera em Diamantina, cidade histórica mineira que incluiu seu conjunto arquitetônico no tombamento inicial do SPHAN.

Paralelamente a esse contexto, a Organização das Nações Unidas (ONU) passou a incentivar e fiscalizar ações de preservação dos patrimônios culturais, enviando diversos comitês ao Brasil. Essa pressão se fazia presente não apenas em nosso território, mas também em outros países nos quais o abandono dos acervos era comum. A perda de patrimônios para guerras e conflitos armados foi a justificativa dessa ação da ONU (Hartog, 2006).

A noção de *corpus* do patrimônio foi incrementada a partir dos anos 1980 para a categoria de bens culturais. Assim, não só monumentos, mas também bens imateriais e acervos documentais passaram a compor cada vez mais esses espaços privilegiados para a preservação.

Essa atitude levou a um maior "consumo" de bens culturais, interesse que despertou todo o sentido de pertencimento de uma sociedade. Sob essa ótica, até mesmo alimentos se tornaram patrimônios culturais, como o acarajé, da Bahia, assim como festas, ritos e tradições populares, como o caso da literatura de cordel.

Essa expressão escrita brasileira e sua aceitação como um patrimônio documental estão presentes na reflexão de Le Goff (1990) sobre o documento e suas transformações ao longo do tempo:

O documento não é inócuo. É antes de mais nada o resultado de uma montagem, consciente ou inconsciente, da história, da época, da sociedade que o produziram, mas também das épocas sucessivas durante as quais continuou a viver, talvez esquecido, durante as quais continuou a ser manipulado, ainda que pelo silêncio. (Le Goff, 1990, p. 546)

Todos esses elementos estão sendo cada vez mais aceitos como bens culturais, os quais merecem ser protegidos e divulgados não só entre os indivíduos que têm uma mesma identidade, mas por toda a humanidade.

Memória do Mundo é o nome do projeto que desde 1992 procura auxiliar os países nas técnicas de preservação, catalogação e divulgação desses bens (Unesco, 2020). Porém, isso nem sempre é uma tarefa fácil. Questões relativas às limitações legais relacionadas aos arquivos que possuem esses materiais sob custódia implicam diversos procedimentos e estratégias legítimas para seu acesso.

Logo, apenas o conhecimento e a ampla difusão desses bens proporcionam a consciência da riqueza e da importância das identidades culturais expressas nesses materiais. A memória de um povo deve ser preservada e conhecida, e essa divulgação tem na reprodutibilidade desses acervos um aliado que garante a conservação dos originais e transmite a mensagem e o conteúdo desses documentos.

As ferramentas tecnológicas disponíveis contribuem para que as instituições detentoras desses arquivos disponibilizem essa herança cultural. O conhecimento da diversidade cultural do próprio país é um dos elementos para a constituição de uma cidadania plena.

Antes de discutirmos sobre o Programa Memória do Mundo e a preservação do patrimônio documental, é importante destacarmos aspectos práticos para a conservação desses acervos. Nesse sentido, a arquivística tem diretrizes específicas de procedimentos e informações sobre esse aspecto essencial nas instituições de pesquisa.

As orientações dessa esfera do saber apontam para as distinções no vocabulário e nas práticas específicas para as ações de **preservação**. Assim, para preservar o patrimônio documental, são necessárias medidas para garantir a integridade dos documentos, não permitindo que estes venham a se deteriorar (Cassares, 2000). Quando esse processo já foi iniciado, o próximo passo é a **conservação**, que corresponde à forma de conter essa deterioração.

Outra terminologia corrente e utilizada nesse contexto diz respeito à categoria de **restauração**, que, segundo Cassares (2000, p. 12), refere-se ao "conjunto de medidas que objetivam a estabilização ou a reversão de danos físicos ou químicos adquiridos pelo documento ao longo do tempo e do uso, intervindo de modo a não comprometer sua integridade e seu caráter histórico".

Em 2012, um fato inusitado chamou a atenção de todo o mundo para a questão da restauração de acervos artísticos. A idosa espanhola Cecilia Giménez "restaurou" a obra *Ecce Homo*, do pintor espanhol Elías García Martinez (Figura 5.1).

Figura 5.1 – *Ecce Homo*, de Elías García Martinez – do original à "restauração"

Centro de Estudios Borjanos/dapd/AP Photo/ Glow Images

A pequena igreja de Nossa Senhora da Misericórdia de Borja, em Zaragoza, tornou-se ponto de visitação e até mesmo começou a cobrar ingresso para os turistas que surgiram depois dessa restauração amadora[2]. O fato, apesar de hilário, serviu de alerta para os gestores do patrimônio acerca da necessidade de se promover um acompanhamento profissional dessa atividade.

A fim de evitar desastres desse tipo, é fundamental contar com profissionais para a restauração adequada de um documento. Com relação ao patrimônio documental, o conhecimento sobre as características materiais do suporte deve preceder ao tratamento, para a adequada preservação do acervo.

Um grande número do acervo documental dos arquivos é composto por papel. Com fibras de celulose, sua capacidade de absorção de umidade é uma característica que precisa ser considerada na proteção dos acervos. A esse respeito, Cassares (2000, p. 13) afirma:

A degradação da celulose ocorre quando agentes nocivos atacam as ligações celulósicas, rompendo-as ou fazendo com que se agreguem a elas novos componentes que, uma vez instalados na molécula, desencadeiam reações químicas que levam ao rompimento das cadeias celulósicas.

A acidez e a oxidação são os maiores processos de deterioração química da celulose. Também há os agentes físicos de deterioração, responsáveis pelos danos mecânicos dos documentos. Os mais frequentes são os insetos, os roedores e o próprio homem.

Compostos por objetos frágeis, os acervos documentais são elementos que precisam ser compreendidos como bens transitórios, e é por isso que a Unesco reforça a necessidade de copiá-los. Nesses

---

2   A imagem passou a ser comercializada em souvenirs variados e tornou-se "referência" sobre os perigos do abandono e da restauração dos bens culturais.

acervos, é rara a existência de objetos extremamente antigos, como o jornal *Relation aller Fürnemmen und gedenckwürdigen Historien*, publicado na Alemanha, em 1609. Cassares (2000), em sua classificação, lista os seguintes fatores de deterioração dos documentos: ambientais, biológicos, intervenções impróprias, agentes biológicos, furtos e vandalismo.

A arquivística não nasceu com todas as respostas para os desafios inerentes à organização e gestão de documentos. A experimentação também fez parte de seu processo. No que concerne à proteção dos fatores perturbadores desse trabalho, a ciência arquivística cometeu inúmeros equívocos.

Nesse sentido, fatores ambientais afetam diretamente os mais variados acervos. Suportes já ultrapassados, mas que já foram muito comuns – sobre os quais comentaremos mais adiante –, como as fitas VHS, deveriam ser acomodados em caixas fechadas de plástico filme. Isso porque esses itens nunca foram apenas decorativos ou informativos. O material de sua fita de gravação era suscetível aos elementos externos, como o calor.

Além disso, outros fatores, como a temperatura e a umidade relativa do ar, precisam ser constantes, considerando-se o ideal manter 20 °C e umidade em 50%. A alteração brusca desses valores eleva o risco de fungos e bactérias (Spinelli Junior, 1997). Se você um dia tiver a oportunidade de conhecer a reserva técnica de um museu ou de um arquivo que siga os padrões determinados pela arquivística, poderá conferir o ambiente gelado, mantido com ar-condicionado e, por isso, fechado.

O arquivo do Centro de Pesquisa e Documentação de História Contemporânea do Brasil (CPDOC) apresenta esses requisitos básicos de manutenção da documentação. As chances de os documentos ultrapassarem 400 anos de idade nesse ambiente são maiores do que em outros acervos que infelizmente ainda não têm um espaço específico para tais objetos. Observe a Figura 5.2, a seguir, para visualizar como o arquivo está organizado.

Figura 5.2 – Imagem do interior do Arquivo do CPDOC, no Rio de Janeiro

Fonte: CPDOC; FGV, 2020b.

Na imagem, podemos perceber o sistema de ar-condicionado no teto, bem como o sistema de segurança contra incêndios. Este não aciona água, e sim um pó específico que interrompe o fogo e não destrói o acervo, como a água faria. Também é possível observar os armários, ao fundo, fechados e, na parte da frente da imagem, abertos. Como os documentos devem ser mantidos longe da claridade, já que esse tipo de fonte emite radiações em contato com o papel, utilizam-se por padrão estantes fechadas.

Não importa o tamanho de sua biblioteca, provavelmente você já encontrou traças entre seus livros. De fato, os agentes biológicos são comuns nos acervos documentais e causam enorme estrago quando não são eliminados. Insetos, cupins, roedores e fungos geralmente aparecem por conta da pouca ventilação.

Os especialistas não recomendam o uso de fungicidas, que causam danos maiores aos documentos. Nessa situação, o melhor é prevenir para que tais pragas não se proliferem. Esse é um dos motivos para o uso de luvas de silicone e de máscaras descartáveis nos acervos. Trata-se de uma precaução contra elementos nocivos que podemos transmitir para esses locais e também com vista à proteção do pesquisador, que pode ser contaminado por algum agente biológico não detectado pelos gestores.

Esse aspecto justifica interdições e fechamentos temporários de arquivos para dedetização especial, além da interdição de determinados acervos documentais pelo fato de não estarem devidamente higienizados[3].

O manuseio incorreto é um dos maiores fatores de risco para a deterioração dos documentos. Segundo Cassares (2000, p. 22), "O manuseio abrange todas as ações de tocar no documento, sejam elas durante a higienização pelos funcionários da instituição, na remoção das estantes ou arquivos para uso do pesquisador, nas foto-reproduções, na pesquisa pelo usuário etc.".

---

3   Em 2010, durante uma pesquisa no Arquivo Histórico do Exército (AHEx), parte do acervo teve sua consulta negada porque estaria sem a higienização correta. Ainda que tal evento tenha provocado prejuízos a alguns pesquisadores, o cumprimento das corretas normas de manutenção deve prevalecer. Esse é outro dado que deve ser considerado pelo pesquisador antes de se deslocar até determinado arquivo, porque nem sempre a dinâmica interna de procedimentos de manutenção é divulgada.

Por fim, o furto de documentos infelizmente é uma prática que pode atingir qualquer instituição arquivística, da mesma forma que o vandalismo, outro fator de destruição dos acervos. Usar tinta esferográfica para marcar passagens dos documentos é um crime bastante cometido em diferentes acervos documentais. Agora, você pode compreender por que em algumas instituições é proibido entrar com uma inofensiva caneta.

(5.2)
A POLÍTICA DE PRESERVAÇÃO DE ACERVOS

Após a queda do Muro de Berlim e o fim da Guerra Fria, com a fragmentação dos países socialistas e da União das Repúblicas Socialistas Soviéticas (URSS), o mundo assistiu a uma série de discussões que envolviam essas sociedades. A ecologia foi um dos temas privilegiados, bem como a autodeterminação dos povos nativos e a preservação do patrimônio, temáticas que também estiveram envolvidas em inúmeros debates a partir de então.

Provavelmente, você já deve ter lido ou ouvido falar sobre a Eco-92, a Conferência das Nações Unidas sobre o Meio Ambiente. Trata-se de um evento que reuniu inúmeros países-membros da ONU a fim de estabelecer projetos que poderiam ser seguidos por todos os participantes. Ainda que a preservação da natureza tenha representado um debate acalorado e muito divulgado no período, a discussão sobre a preservação do patrimônio cultural também esteve presente entre as ações naquele contexto.

Com efeito, não seria possível preservar o natural e esquecer o cultural. Assim, em 1992, também foi lançado pela Unesco o Programa Memória do Mundo (*Memory of World – MoW*), com o objetivo de fomentar a preservação do patrimônio documental, composto pelo patrimônio arquivístico e bibliográfico da humanidade.

Com esse programa, inúmeros acervos passaram a ser protegidos em razão de sua importância cultural, por meio da divulgação referente à necessidade da preservação e do acesso a esses materiais. Cabe ressaltar que a criação de uma memória global da humanidade depende da adesão dos Estados participantes e de seu comprometimento na preservação desses arquivos.

Assim, um elemento essencial para a realização desse projeto diz respeito à multiplicação desses acervos. Quando possuímos reproduções de algo importante, garantimos que o original seja preservado sem ignorar seu conteúdo, que continua sendo disponibilizado por esse material de divulgação.

A vulnerabilidade de acervos extensos se tornou uma preocupação constante desse projeto. Numerosos aspectos, como conflitos armados, desastres naturais e o abandono deliberado, configuram-se como ameaças a tais arquivos. É importante lembrar, como exemplo marcante dessa preocupação, o incêndio ocorrido em 2018 no Museu Nacional, localizado no Rio de Janeiro. Mais de 70% de seu riquíssimo acervo foi destruído pelo fogo. Além de objetos expostos de grande valor histórico, todo um arquivo com estudos e coleta de dados de povos que não existem mais foi destruído nesse evento lastimável.

Outros exemplos trágicos de extinção de patrimônios documentais poderiam ser mencionados neste livro, como o rompimento de um dique no Rio Arno, em 1966, que provocou uma enorme enchente em Florença, na Itália. Nessa ocasião, milhares de obras sofreram danos ou se perderam para sempre, pois a água atingiu museus, igrejas e arquivos, inclusive a Biblioteca Nacional, com acervos raros do período renascentista. A tragédia ocorrida na Itália estimulou a criação de inúmeros projetos de preservação e conservação desse patrimônio. Até hoje, algumas dessas obras e manuscritos estão em restauração. De maneira otimista, podemos pensar que o mesmo deveria ocorrer nos acervos brasileiros depois da catástrofe do Museu Nacional.

Retomando o tema da criação do Programa Memória do Mundo, devemos destacar que o incentivo para a implementação desse programa também se deu em virtude de um acontecimento trágico: a Guerra da Bósnia, que, além de causar morte e sofrimento para toda a população que vivia na região, provocou a destruição da Biblioteca de Sarajevo. Assim, um acervo de 2 milhões de livros, periódicos e manuscritos foi perdido, com um prejuízo impossível de ser calculado pelo seu valor histórico.

A fragilidade desses registros, essenciais para o conhecimento do passado dos povos, ensejou a criação de um projeto para transformar esse cenário. De acordo com o Centro Internacional para o Estudo da Conservação e Restauro de Bens Culturais (Iccrom)[4], instituto ligado à Unesco, por ano, ao menos uma instituição cultural é destruída por incêndio no Brasil (Ibram; Icom Brasil; Iccrom, 2019). Na maioria dos casos, tais acontecimentos poderiam ter sido evitados.

Mas como uma iniciativa da ONU pode contribuir para que os acervos documentais da humanidade sejam conservados? Tal como se procedeu em relação à preservação do meio ambiente, comitês em instâncias internacionais, nacionais e regionais e protocolos de preservação foram desenvolvidos para estabelecer critérios que garantam a proteção e o acesso a esses acervos.

---

4 *Para conhecer mais sobre o Iccrom, acesse o seguinte endereço eletrônico: ICCROM – International Centre for the Study of the Preservation and Restoration of Cultural Property.* **History.** *Disponível em: <https://www.iccrom.org/about/overview/history>. Acesso em: 16 jun. 2020.*

Dessa foma, o Projeto MoW apresenta três objetivos principais (Brasil, 2020a):

- estabelecer e divulgar técnicas adequadas para a conservação de arquivos documentais;
- divulgar esse patrimônio por meio dos mais variados suportes;
- desenvolver campanhas de conscientização acerca do valor desses acervos para as sociedades que os produziram e os guardaram.

A participação da sociedade é fundamental para a valorização desses arquivos. Após o incêndio no Museu Nacional, inúmeras manchetes de jornais mostraram como tais instituições estão distantes da maioria da população, que acaba não reconhecendo sua importância. Assim, o cuidado social está intimamente associado ao reconhecimento da relevância desses locais. Nossos desafios são enormes, mas tais iniciativas procuram justamente auxiliar nas possibilidades de abordagens desses e de outros problemas.

Desde 1992, a cada dois anos, os comitês organizam uma lista de instituições que passam a compor o Programa MoW. Por meio de candidaturas, tais comitês procuram desenvolver parcerias e angariar recursos para a preservação de seus acervos documentais. Iniciativas variadas são expostas nessas avaliações, as quais conferem às instituições contempladas com o selo Memória do Mundo maior visibilidade em seus projetos. No caso brasileiro, até 2013 os comitês já aprovaram 45 conjuntos documentais para o registro do MoW.

O Comitê Nacional MoW Brasil surgiu em 2004, embora sua criação só tenha sido efetivada pela Portaria do Ministério da Cultura n. 61, de 31 de outubro de 2007 (Brasil, 2007). Fazer parte do que é considerado pela Unesco como herança mundial representa valorizar não só o que é conhecido, mas também aspectos de minorias até então desprezadas. A diversidade de testemunhos e de registros das sociedades é um dos elementos que procuram ser valorizados nesse projeto.

Esse tipo de certificação é uma garantia de reconhecimento da importância do conjunto documental selecionado. Além disso, o referido comitê também pressiona as autoridades competentes no tocante a possíveis riscos e danos a que tais instituições podem estar sujeitas.

E quais são os critérios para receber esse reconhecimento? **Autenticidade, singularidade** e **relevância histórica** de seus registros são requisitos para a concessão do registro Memória do Mundo aos acervos. Ao lado dessa questão de preservação, outro aspecto importante diz respeito ao acesso. Todo documento deve ser divulgado. Nesse sentido, quanto mais um registro for divulgado, mais protegido ele será. Sua relevância também significa proteção contra eventuais fraudes e roubos.

Mas, afinal, o que o Brasil apresentou como acervos documentais merecedores de receberem o certificado de Memória do Mundo? Para Bastos (2013), o critério tem sido a **diversidade**. Tal aspecto aparece em diferentes suportes, temáticas, recortes temporais e espaciais. Cada temática definida apresenta uma vasta variedade de documentos que entram nesse acervo histórico que se candidata ao selo.

Na obra *Arquivos do Brasil: Memória do Mundo*, Bastos (2013) seguiu, a princípio, o critério da linearidade temporal. Entre os acervos que compõem essa participação brasileira no projeto, encontram-se a Academia Brasileira de Letras (ABL), o Arquivo Geral da Cidade do Rio de Janeiro (AGCRJ), o Arquivo Histórico do Exército (AHEx), o Arquivo Nacional, o Arquivo Público do Distrito Federal, bem como os arquivos públicos dos estados de São Paulo, Ceará, Espírito Santo, Maranhão, Pará, Rio de Janeiro e Paraná, o Arquivo Público Estadual Jordão Emerenciano, o Arquivo Público Mineiro e o Arquivo Público Municipal de Olinda. Outros centros de documentação também fazem parte dessa iniciativa, como o Centro de Pesquisa e Documentação de História Contemporânea do Brasil (CPDOC/FGV), a Diretoria do Patrimônio Histórico e Documentação da Marinha (DPHDM), a Fundação Biblioteca Nacional, a Fundação Casa de Rui Barbosa, entre outros.

A conscientização sobre a necessidade de preservar acervos é importante, mas, além da questão da manutenção física dos edifícios que abrigam esses acervos, outro ponto que vem sendo discutido é a própria forma de conservar alguns tipos de suporte.

Os avanços tecnológicos foram constantes a partir do fim da Segunda Guerra Mundial e intensificados a partir dos anos 1970. Alguns historiadores, aliás, chegam a nomear esse período de *era da informação, era digital* ou, ainda, *era tecnológica*. Esse contexto também pode ser identificado como a Terceira Revolução Industrial, lembrando que a Primeira Revolução Industrial teria ocorrido entre 1750 e 1850, momento em que as inovações técnicas transformaram as manufaturas em fábricas. Já na Segunda Revolução Industrial, entre 1850 e 1950, tais transformações atingiram outros países, e as fontes de energia foram ampliadas. Assim, a Terceira Revolução Industrial teria se iniciado nessa época e estaria presente até os dias atuais.

Diante desse cenário, o que, neste momento, seria crucial para considerarmos uma ruptura com as décadas anteriores? A velocidade das transformações é um dos aspectos que podemos citar como exemplo. A informática, o meio digital, a nova ampliação de fontes de energia, entre outras, são algumas dessas características.

Todas essas mudanças geraram igualmente novos suportes que assumiram a função documental. Nesse contexto, a aceleração nas variações tecnológicas tornou-se fato presente. Alguns instrumentos de registro humano comuns há 20 anos hoje são completamente obsoletos. Nesse processo, duas décadas se referem a um século do passado.

Antes da popularização dos *smartphones*, a seleção do que deveria ser registrado era criteriosa. Momentos especiais e únicos, marcantes na trajetória pessoal, podiam ser gravados em filmes Super 8, por exemplo. Ainda que tais filmagens não tenham sido tão rotineiras como ocorre atualmente, ainda é possível que em muitas famílias algum integrante tenha preservado esse tipo de registro. O Super 8 consistia em um padrão de filmagem em película que se popularizou em meados dos anos 1970, caracterizado como uma das primeiras filmadoras portáteis. Esse padrão tecnológico tinha uma versão mais simples sem som e uma sonora, mais cara e inegavelmente menos popular. Já na década de 1980, dois padrões de registro audiovisual caseiros disputaram o mercado: os padrões Betamax e VHS.

O Betamax chegou ao mercado em 1975 e seu nome provém do termo *beta*, que em japonês tem o sentido de "denso", "resistente". Foi um formato de gravação direcionado para um mercado de leigos, e seu custo era alto. No ano seguinte, também no Japão, a concorrência desenvolveu uma tecnologia mais barata: o *Video Home System* (VHS). No Brasil, essa disputa chegou uma década mais tarde e também atingiu enorme popularidade. Por sua vez, no final do século XX, o *Digital Versatile Disc* (DVD) assumiu todo esse mercado. E hoje, onde são gravados nossos registros audiovisuais? Em cartões de memória, *pendrives* etc.

Nas mídias citadas anteriormente eram registrados momentos marcantes, como aniversários, formaturas, casamentos e festas cívicas. O padrão tecnológico foi alterado diversas vezes em menos de três décadas. Em alguns momentos, esses formatos coexistiram, mas, com o avanço e a popularização dessas tecnologias, a pergunta que nos resta fazer atualmente é: Como acessar todas essas mídias?

Provavelmente, com o passar dos anos, algum material desse tipo pode ter sido perdido, mas o mais comum é que os equipamentos para a reprodução dessas mídias já tenha se tornado obsoleto ou deixado de existir. A fita cassete, por exemplo, era utilizada em um utensílio doméstico eletrônico chamado *videocassete*, que necessitava de uma televisão para fazer a reprodução. Posteriormente, esse espaço foi ocupado nas salas de TV domésticas pelo *DVD player* ou pelo *Blu-ray*, outro equipamento capaz de reproduzir essas mídias.

Atualmente, a maioria dos referidos equipamentos não compõe mais nossos ambientes domésticos, porque podemos utilizar apenas a TV e a internet ou, no máximo, nossos dispositivos digitais pessoais em conjunto com a TV para a transmissão de qualquer registro audiovisual. E aqueles momentos do passado que ficaram guardados nesses suportes? Qual será o destino deles?

Alguns desses registros, de valor afetivo ou pessoal, podem ser considerados aptos para a conversão em mídias atuais. No entanto, o alto custo, a forma de armazenagem ou a completa obsolescência impedem que essas recordações possam ser convertidas para os padrões atuais[5].

A arquivologia também vivencia tais dilemas. Se nos casos pessoais há um critério do que pode ou merece ser convertido em suportes atuais, no ramo público tais discussões assumem outra dimensão. Além dos custos financeiros e técnicos, uma nova filtragem deve ser realizada para completar essa mudança de padrão de alguns componentes do acervo, já que na forma original eles não podem mais ser acessados. Algumas instituições até podem manter alguns desses

---

5 *Como exemplo, podemos citar os disquetes, que poderiam conter fotos e arquivos textuais de nossa própria trajetória. Mas, hoje em dia, onde poderíamos conseguir um computador com* drive *para esse suporte?*

equipamentos antigos, mas sua função é, na maior parte das vezes, meramente decorativa, mesmo porque esses objetos também sofrem desgaste, e sua recuperação nem sempre é viável.

Até o início do século XXI, alguns pesquisadores ainda utilizavam leitores de microfilme para ter acesso a alguns documentos raros em arquivos ou bibliotecas. Na atualidade, esse tipo de objeto pode até permanecer no acervo dessas instituições, mas dificilmente será usado como no passado[6].

Cada rolo de película com os fotogramas tinha uma capacidade limitada de páginas. Nesse ponto, chegamos a outro aspecto relevante nesta era da informação: a capacidade de registro. Nunca dispositivos de memórias artificiais tão minúsculos puderam ter tanta capacidade de armazenagem. Toda essa abundância de espaço futuramente surtirá efeitos nas filtragens da captura de informação.

No exemplo das mídias VHS, alguns momentos eram excepcionais e, por isso, mereciam filmagens, o que é muito diferente de nossa relação atual com a produção de documentos audiovisuais, pois a facilidade atual é marcante. Se nossos avós e pais ficavam felizes por poderem registrar um acontecimento pessoal com um filme de película de 12 poses, hoje em dia qualquer indivíduo pode fazer dez vezes mais em seu cotidiano sem que nada extraordinário tenha motivado a gravação de tal momento. Antigamente, álbuns de fotografias de casamento de nossos avós tinham, quando muito, 12 imagens. Porém, nas cerimônias atuais, até a preparação dos noivos

---

6   Inúmeras instituições arquivísticas (como é o caso da Bundesarchiv – Abteilung Militärarchivn) estão convertendo seus documentos microfilmados em formato digital. Por conta dessa transformação dos formatos arquivísticos, em 2018 parte da documentação sobre a Força Expedicionária Brasileira (FEB) estava indisponível para consulta nesse arquivo.

é amplamente documentada, assim como os detalhes de decoração, entre outros aspectos.

Era normal ter um ou dois registros visuais de toda uma vida – isso para os mais abastados. Nesse sentido, as fotografias *post-mortem*, existentes tanto na Europa como no Brasil – desde o aparecimento da técnica, no final do século XIX –, tinham justamente essa urgência de primeiro e último registros. Assim, o indivíduo que não havia tido tempo de capturar sequer uma imagem própria poderia ser contemplado por meio dessa técnica, que nos dias de hoje é considerada mórbida. Tal aspecto reforça as dificuldades em obter esses registros[7].

Nos dias de hoje, portanto, sabemos que gerar informação ficou muito mais rápido e fácil. Mas e quanto à conservação dessa informação? Precisamos retomar aqui uma questão amplamente discutida neste livro: O que configura uma informação que merece ser conservada? A resposta é a mesma: critérios, filtros e o processo histórico que define o que é relevante e o que pode ser descartado. Essas etapas também são atualizadas pelas instituições arquivísticas.

O arquivo é o local de guarda que necessariamente disponibiliza o acesso ao acervo nele depositado. Entretanto, o problema não se resume a preservar; trata-se também de oferecer esse material para os pesquisadores. Como essa discussão ainda está presente em todas as instituições arquivísticas, certas normas são constantemente

---

7   O tema das fotografias post-mortem *é bastante amplo. Na bibliografia estrangeira sobre o assunto, podemos destacar:* WEESJES, E. Don't Move: a Short History of Post-Mortem Photography. **United Academics Blog,** *v. 3, p. 1-3, 2013. No Brasil, inúmeras dissertações e teses também contribuem para a análise dessa temática. Como exemplo, citamos a seguinte pesquisa:* SANTOS, C. J. dos. **O corpo, a morte, a imagem:** *a invenção de uma presença nas fotografias memoriais e post-mortem.* 288 f. *Tese (Doutorado em Artes) – Universidade Federal de Minas Gerais, Belo Horizonte, 2015.*

debatidas por parte dos comitês responsáveis, compostos por representantes desses arquivos.

Sob essa ótica, em 2014 a Unesco divulgou uma mensagem sobre a preservação do acervo audiovisual diante dos riscos de extinção desses suportes a longo prazo. No texto, os desafios diante dessa nova realidade são expostos como um chamado aos arquivistas e às instituições sobre a pertinência do desenvolvimento de métodos e técnicas de armazenagem até então não experimentado (Edmonson, 2017).

Já em 2005, com a instituição do Dia Mundial do Patrimônio Audiovisual, a intenção era alertar os gestores sobre essa nova realidade. Em termos arquivísticos, tais desafios vêm sendo enfrentados pelos profissionais da área, situação comprovada pelo número crescente de trabalhos acadêmicos sobre essa temática.

A obsolescência tecnológica é uma realidade com a qual se deparam as instituições e os profissionais que trabalham nesse meio (Santos; Flores, 2017). Dessa forma, *hardwares*, *softwares* e outros suportes são constantemente substituídos. Como tais materiais podem ser preservados a longo prazo?

A decodificação é uma necessidade inseparável dos suportes contemporâneos. Ainda que sua composição seja outra, tais registros são compostos de forma orgânica e por isso estão aptos a constituir uma unidade arquivística. Embora sua natureza documental seja inquestionável, elementos ainda não esclarecidos, como sua preservação e autenticidade, ainda são problematizados pelos gestores dessas instituições.

Com efeito, o panorama atual de trabalho nas instituições arquivísticas é lidar com informações produzidas e que precisam ser gerenciadas quando perdem sua função original, isto é, guardar esses suportes sem ainda ter definido o critério e o método de preservação.

Entre as dificuldades encontradas para essa preservação está a questão da segurança e dos custos, um dos elementos presentes nessa nova caracterização dos arquivos. A necessidade de sistematizar esse material e conscientizar-se de que sua limitação é inevitável resulta em uma nova realidade para os arquivos.

Nesse cenário, a criação, o desenvolvimento e a ampliação de repositórios digitais é uma das alternativas confiáveis no encaminhamento dessa preservação. Dessa forma, os procedimentos técnicos são compulsoriamente entendidos como provisórios, perante o dinamismo dessa perspectiva de aprimoramento dos suportes.

Entender o permanente como provisório e o provisório como permanente são operações arriscadas diante de qualquer existência. Porém, no gerenciamento arquivístico, é fundamental estabelecer essa diferenciação.

Conforme Santos e Flores (2017), a preservação dos documentos digitais deve seguir determinadas estratégias, tais como refrescamento, encapsulamento, emulação e migração. Isso significa que a preservação desses suportes obrigatoriamente deve ser implementada no curto prazo. Sob essa lógica, seria contraproducente desenvolver um projeto para preservar por cinquenta anos vídeos em MP4[8]. No futuro, tal formato poderá ser completamente ultrapassado e, assim, tempo, dinheiro e esforços teriam sido desperdiçados.

A respeito da estratégia de refrescamento, cabe observar que ela não pode ser separada dos outros procedimentos, como o encapsulamento. Este, por sua vez, depende do espaço de armazenamento, mas também está intimamente relacionado à emulação e à migração.

---

8   *O MP4 é um formato de arquivo de computador que permite o armazenamento de áudio e vídeo.*

Todas essas estratégias precisam considerar que conversões serão tão importantes como a preservação do original.

No geral, assumimos que não existe uma fórmula mágica definitiva nos procedimentos referentes a essa temática. Assim, em tais processos, algumas especificidades sustentam certas diferenças.

> Os repositórios digitais (RDs) são bases de dados online que reúnem de maneira organizada a produção científica de uma instituição ou área temática. Os RDs armazenam arquivos de diversos formatos. Ainda, resultam em uma série de benefícios tanto para os pesquisadores quanto às instituições ou sociedades científicas, proporcionam maior visibilidade aos resultados de pesquisas e possibilitam a preservação da memória científica de sua instituição. (Brasil, 2018c)

A primeira menção aos repositórios digitais ocorreu nos Estados Unidos, em 1990, quando um laboratório de energia nuclear, em Los Alamos, desenvolveu o ArXiv, que visava compartilhar artigos científicos e suprir as dificuldades de acesso aos periódicos naquele momento (Barroso, 2017). Questões referentes à cobrança ou não da leitura de determinados artigos provocaram inúmeros conflitos nas revistas científicas americanas[9]. Ainda hoje, essa prática é comum nos Estados Unidos, diferentemente do que ocorre no Brasil no que diz respeito a esse tipo de produção científica.

---

9   Como demonstra o historiador Robert Darnton (2010) em relação ao processo de digitalização dos acervos das bibliotecas, a tecnologia, ao mesmo tempo que permite a democratização do conhecimento, colide com interesses de outros setores, os quais pensam em lucrar com tais materiais. Como o formato para essa democratização de acessos segue em discussão, o compartilhamento de informação ainda não atingiu todo o seu potencial. Nos Estados Unidos, a cobrança pelo acesso aos artigos científicos é um tema controverso.

A confiabilidade é um dos aspectos primordiais em relação aos repositórios digitais. Neste ponto, primeiramente, convém definir o que é um repositório digital. Conforme Barroso (2017), o repositório digital é um ambiente tecnológico complexo em que o armazenamento dos documentos digitais, sua gestão, sua preservação e seu acesso são elementos essenciais. Assim, ele envolve *hardwares*, *softwares* e metadados, ou seja, inúmeros componentes que necessitam de manutenção constante para seu funcionamento.

Infelizmente, por demandarem serviços e habilidades interdisciplinares e elevados custos, alguns repositórios digitais não sobrevivem por muito tempo. Além de precisarem contar com profissionais específicos, padrões tecnológicos são alterados com muita velocidade. Embora teoricamente esses repositórios sejam planejados para perdurar por mais tempo, nem sempre tal expectativa é cumprida. Um dos casos emblemáticos disso foi o Projeto Memória da Censura no Cinema Brasileiro, que, desde julho de 2019, lamentavelmente saiu do ar, ou seja, não está mais hospedado em seu endereço habitual.

Durante 15 anos (de 2004 até 2019), esse *site* colaborativo disponibilizou fichas da censura federal de inúmeros filmes, diretores, materiais de imprensa etc. Contudo, no ano de 2019, a carência de recursos interrompeu essa relevante contribuição ao conhecimento histórico, que contabilizou a digitalização de cerca de 30 mil documentos[10]. Caso raro, esse evento triste demonstra as limitações dessas práticas em nosso país.

Os repositórios têm a função de criar metadados para a preservação. Nesse contexto, os metadados dizem respeito à prática de

---

10 *Na página do Memoriacinebr, um projeto iniciado pela professora Leonor Souza Pinto, existe um descritivo sobre os motivos da interrupção desse banco de dados espetacular. Disponível em: MEMORIACINEBR. Disponível em: <http://www.memoriacinebr.com.br/>. Acesso em: 16 jun. 2020.*

descrever um recurso informacional de forma única, multidimensionando suas formas de acesso e garantindo sua recuperação pelo usuário final (Formenton, 2015).

Um dos aspectos mais problematizados diante da criação de repositórios digitais se refere à autenticidade. Em virtude dos avanços tecnológicos, o temor da adulteração de registros aparentemente é mais forte do que no passado. Não que antigamente tais atos não fossem cometidos; pelo contrário, as falsificações, por exemplo, estão presentes na história da humanidade desde sua origem. No entanto, com a popularização dos dispositivos tecnológicos, a distribuição digital de conteúdos ocorre em uma grande velocidade.

A esse respeito, vale ressaltar que a expressão *fake news* (notícias falsas) passou a fazer parte de nosso vocabulário diário. Ela está atrelada ao fato de que diversos dispositivos permitem a rápida adulteração de imagens e textos que aparentemente são "oficiais", tidos como dados da realidade. Nesse contexto, o que as instituições arquivísticas precisam implementar para garantir que tal prática não abale seus arquivos?

Na ciência arquivística, sempre se discutiram métodos e técnicas associados a tais aspectos. Porém, com o advento da era digital, outras ferramentas e estratégias também foram elaboradas para a segurança na filtragem desses documentos.

O modelo seguido pelos gestores na criação dos repositórios digitais é o *Open Archival Information Systems* – OAIS (Sistema Aberto para Arquivamento de Informação – SAAI), criado em 2003. Sua origem está ligada a uma discussão aberta que tinha por objetivo elaborar e definir critérios de armazenagem de documentos digitais por um longo período. Tal modelo é adotado pelas instituições como um padrão que protege e mantém inalterados tais acervos.

Na definição de Arellano (2008), os objetos digitais são tipos de arquivos em meio digital, formados de conjuntos de cadeias de *bits* cercadas de conteúdos informacionais, metadados e identificadores. Um *bit* se refere à mínima unidade de informação arquivada em um computador. Por sua vez, o *byte* corresponde a um conjunto de dígitos binários armazenados e processados como uma unidade. Esse termo é bastante utilizado em nossos dispositivos e em documentos que encontramos no meio digital. Um texto pode ter, por exemplo, 3,06 MB[11], ou seja, vai ocupar 3,06 *megabytes* de espaço na memória de um computador.

Rapidez, trabalho colaborativo e difusão são três elementos essenciais na formação de repositórios digitais. O trabalho de criação, contudo, é complexo. Dados sobre origem, quantidade de formatações e codificações, suporte original e forma de armazenamento são alguns dos passos para a elaboração dessas ferramentas.

Outro aspecto relevante nessa discussão diz respeito às permissões de uso e de direitos autorais. A questão iconográfica é uma das mais passíveis de conflitos na existência desses repositórios. O normal é a utilização de marcas d'água como garantia da origem do registro.

Os repositórios do CPDOC/FGV podem exemplificar essa prática, como no caso da Figura 5.3, a seguir. A marca d'água está bem visível na foto depositada no acervo.

---

11   Um megabyte *(MB)* é *uma unidade de informação que equivale a 1.000.000 de* bytes. Um byte *é composto de 8* bits, *termo que, por sua vez, refere-se à menor unidade de informação que pode ser armazenada ou transmitida. Corresponde a um binário, ou seja, 0 ou 1.*

Figura 5.3 – Exemplo de imagem com marca d'água

No Brasil, um importante documento sobre essa configuração dos repositórios digitais é a Carta para a Preservação do Patrimônio Arquivístico Digital, elaborada pela Câmara Técnica de Documentos Eletrônicos do Conselho Nacional de Arquivos (CTDE-Conarq). Com as diretrizes presentes na carta, busca-se avançar nas discussões referentes à preservação dos documentos digitais entre os pesquisadores e as instituições de guarda arquivística no país. Publicado em 2005, o documento reconhece o valor e o legado das produções documentais digitais e sua facilidade de reprodução e de acesso. Além disso, o texto esclarece a própria limitação e reconhece que também pode ser ultrapassado rapidamente diante da realidade das transformações tecnológicas e da velocidade de seus ciclos midiáticos. A fragilidade do meio digital, dependente de atualização permanente, é outro ponto exposto no documento, que atenta para a multiplicidade de fatores envolvidos nesse tipo de arquivo (Brasil, 2005b).

A instrumentalização dos acervos nos repositórios digitais é outro elemento distinto na concepção desse tipo de acervo. Nesse sentido, legislação e práticas arquivísticas precisam ser compartilhadas entre as diversas possibilidades de desenvolvimento desses acervos. Mesmo com tantos desafios, inclusive de segurança e de integridade dessas fontes, é impossível ignorar essa modalidade arquivística e o potencial de difusão do conhecimento que ela permite.

Novamente, ficam evidentes a importância da arquivística e dos profissionais envolvidos nessa atividade e a necessidade de que eles passem por processos contínuos de formação. Todas as categorias profissionais estão sujeitas a essas possibilidades, mas o meio de guarda e de produção de documentos está irremediavelmente exposto a tais inovações logo em seu lançamento. Assim, esses desafios reforçam sua relevância social para toda a sociedade. Vale enfatizar que o esforço multidisciplinar deve ser uma característica dessa área. Arquivistas, bibliotecários, gestores de informação e programadores são apenas alguns dos inúmeros profissionais necessários para o acesso e a preservação de tudo o que tem relevância cultural.

Síntese

Neste capítulo, vimos como o patrimônio é um elemento identificador de uma cultura. Nesse sentido, os símbolos de uma nação são bens que precisam ser preservados e que mudam ao longo do processo histórico. As culturas não são estáticas e, nesse cenário, as recentes tecnologias também se configuram como novos acervos documentais que merecem ser protegidos.

Como as transformações tecnológicas das últimas décadas foram constantes, os protocolos atuais sobre a manutenção desses acervos digitais também podem se tornar rapidamente obsoletos. Ainda assim, torna-se impossível ignorar o mundo digital como espaço de guarda e de divulgação da memória e da história das sociedades.

Diante disso, todos os esforços dos comitês nacionais e internacionais são direcionados para a melhor forma de garantir o acesso das gerações futuras aos documentos e acervos patrimoniais do passado. Portanto, na próxima vez que você acessar um *site* de um repositório digital ou mesmo a página oficial de um arquivo que permita o uso de ferramentas atualizadas para consulta e visualização de documentos, procure recordar o caminho percorrido por tais documentos para que pudessem se tornar acessíveis aos pesquisadores.

Indicações culturais

Filmes

O ALEIJADINHO. Direção: Joaquim Pedro de Andrade. Brasil, 1978. 24 min.

Esse é um documentário sobre Antônio Francisco Lisboa, artista mineiro responsável por diversas obras essenciais para entender o barroco no Brasil. O conjunto das obras de Aleijadinho é tombado e declarado Patrimônio da Humanidade.

TAMBOR de Crioula. Direção: Murilo Santos. Brasil, 1979. 13 min.

Trata-se de outro documentário essencial para compreender aspectos de nosso patrimônio cultural. Nesse registro, o cineasta filmou a manifestação cultural conhecida como *Tambor de Crioula*, no Maranhão. Reunindo dança de roda, tambor e cantores, configura-se como um exemplo do patrimônio imaterial brasileiro.

Sites

ARQUIVO EDGARD LEUENROTH. Disponível em: <https://www.ael.ifch.unicamp.br/>. Acesso em: 16 jun. 2020.

Visite o *site* do Arquivo Edgard Leuenroth para perceber a forma de organização e disposição dos elementos desse magnífico acervo.

FUNDAÇÃO CASA DE RUI BARBOSA. **Cordel:** literatura popular em verso – acervo. Disponível em: <http://www.casaruibarbosa.gov.br/cordel/acervo.html>. Acesso em: 16 jun. 2020.

O *site* da Fundação Casa de Rui Barbosa possui um importante acervo que compõe o arquivo sobre o cordel. No *link* indicado, você poderá conhecer um importante aspecto de nosso patrimônio nacional.

Atividades de autoavaliação

1. A respeito dos conceitos atrelados à ideia de patrimônio, assinale a alternativa correta:
   a) Patrimônios documentais são formados por documentos oficiais históricos. No caso brasileiro, o recorte temporal vai até o ano de 1945.
   b) O patrimônio documental é constituído por todos os documentos que têm valor histórico, artístico, científico, literário e cultural da nação e é preservado em arquivos e bibliotecas.
   c) Não existe nenhum comitê da Unesco que divulgue a atenção ao patrimônio documental, pois a instituição só preserva o acervo material e histórico dos países-membros.
   d) Apenas acervos textuais são considerados como patrimônio documental. Outros suportes não dizem respeito a esse conceito.
   e) O patrimônio documental não engloba os arquivos digitais.

2. Sobre os documentos digitais, marque a alternativa correta:
   a) Documentos digitais não são aceitos como dignos de valor pela arquivística.
   b) Repositórios digitais não têm confiabilidade porque não seguem critérios de organização.
   c) A informação gerada unicamente em suporte digital atingiu maior popularidade nos últimos anos, o que provocou uma série de discussões e contribuições da arquivística sobre como manter e organizar esse tipo de registro.
   d) Repositórios digitais surgiram ainda durante a Segunda Guerra Mundial e foram utilizados pelos nazistas.
   e) Poucos documentos digitais têm importância como acervos futuros. Logo, sua utilidade é apenas para o presente.

3. Sobre o Programa Memória do Mundo, da Unesco, analise as assertivas a seguir:
   I) O Brasil não possui nenhum conjunto com o selo Memória do Mundo.
   II) Mais de 45 instituições brasileiras têm o selo Memória do Mundo.
   III) Esse programa foi instituído pela Unesco em 1948.
   IV) Em 2005, foi instituído o Dia Mundial do Patrimônio Audiovisual, na intenção de chamar a atenção dos gestores de museus e arquivos para a necessidade de preservar os suportes culturais.

A seguir, indique a alternativa correta:
a) Somente as assertivas I e II são verdadeiras.
b) Todas as assertivas são verdadeiras.
c) Somente as assertivas II e IV são verdadeiras.
d) As assertivas I, III e IV são verdadeiras.
e) Todas as assertivas são falsas.

4. A respeito dos documentos digitais e de sua relação com os arquivos, assinale a alternativa correta:
   a) Os procedimentos adotados pelos arquivos precisam prever um longo tempo de implementação e preservação dos acervos – no mínimo, 50 anos.
   b) O documento digital jamais pode ser convertido em um novo formato atualizado, devendo ser preservado apenas na mídia original.
   c) Repositórios digitais se tornaram uma das melhores iniciativas para a conservação e o acesso aos acervos digitais.
   d) Refrescamento, encapsulamento e descarte são etapas do tratamento dos acervos digitais nos arquivos atuais.
   e) Os acervos digitais jamais sofrem alteração de seu formato.

5. Com relação aos repositórios digitais, assinale a alternativa **incorreta**:
   a) Os repositórios digitais surgiram da necessidade de compartilhar a produção científica por meio das tecnologias digitais disponíveis.
   b) Os metadados representam a descrição de um recurso informacional de forma única, multidimensionando suas formas de acesso e garantindo sua recuperação pelo usuário final.

c) Debates sobre os riscos vinculados à perda da história pela não preservação de determinadas mídias estão presentes nas discussões arquivísticas.
d) Os repositórios digitais não se preocupam com a autenticidade dos acervos por eles incorporados.
e) Os repositórios digitais também permitem a multiplicação dos documentos e acervos físicos, reforçando sua preservação.

Atividades de aprendizagem

Questões para reflexão

1. A Constituição Brasileira de 1988 foi um importante marco para o aperfeiçoamento da cidadania no país. Por isso, nesta atividade de reflexão, acesse o arquivo histórico da Câmara dos Deputados e pesquise sobre os trabalhos da Assembleia Constituinte no acervo *on-line*. Reflita sobre duas ou três discussões presentes nesse acervo (direitos dos povos indígenas, orçamento destinado à educação e à saúde pública etc.).

BRASIL. Câmara dos Deputados. **Arquivo Histórico**. Disponível em: <https://arquivohistorico.camara.leg.br>. Acesso em: 16 jun. 2020.

2. Ainda sobre a Constituição Brasileira de 1988, acesse a página do Fundo Arquivístico Assembleia Nacional Constituinte e faça um comparativo considerando como esse acervo foi estruturado. Existem arquivos sonoros? Vídeos? Fotografias? Textos? Jornais? Que elementos foram privilegiados na organização desse arquivo digital?

BRASIL. Câmara dos Deputados. **Portal da Constituição Cidadã**: Fundo Arquivístico Assembleia Nacional Constituinte. Disponível em: <https://www2.camara.leg.br/atividade-legislativa/legislacao/Constituicoes_Brasileiras/constituicao-cidada/publicacoes/fundo-assembleia-nacional-constituinte/1-area-de-identificacao>. Acesso em: 16 jun. 2020.

Atividade aplicada: prática

1. Acesse o *site* indicado a seguir, referente ao Programa Memória do Mundo, e consulte a lista de indicações brasileiras para esse projeto. Estabeleça um quadro comparativo, criando uma classificação para compreender o que foi declarado relevante para fazer parte do projeto. São acervos documentais? Iconográficos? Sonoros? Arquitetônicos?

BRASIL. Arquivo Nacional. Comitê Nacional do Brasil Memória do Mundo. **Mostra acervos Memória do Mundo Brasil**. Disponível em: <http://mow.arquivonacional.gov.br/index.php/8-mow-unesco/124-mostra-acervos-mem%C3%B3ria-do-mundo-brasil-2018.html>. Acesso em: 17 jun. 2020.

CAPÍTULO 6
Arquivo e historiador

*Cada vida é uma enciclopédia, uma biblioteca,
um inventário de objetos, uma amostragem de estilos,
onde tudo pode ser continuamente remexido e reordenado
de todas as maneiras possíveis.*
(Calvino, 1990, p. 138)

Como em toda brincadeira, há um fundo de verdade em dizer que um sujeito não pode ser um historiador se nunca frequentou um arquivo. Para esse profissional, o arquivo é um local de inúmeras possibilidades de acesso ao conhecimento, bem como de aproximação com suas fontes e, consequentemente, com seu objeto de pesquisa. Qualquer pesquisador que abra mão dessa experiência direta com a organização dos vestígios do passado realizada por outros profissionais perde essa dimensão, que também é histórica, em relação ao conhecimento do passado.

Obviamente, os historiadores do século XXI não precisam obrigatoriamente passar pelas mesmas dificuldades enquanto buscam o acesso aos arquivos. A tecnologia contribuiu enormemente para que a pesquisa não seja prejudicada pela ausência física em arquivos. Nesse sentido, o mundo digital promoveu uma ampliação de possibilidades de pesquisa que deve necessariamente ser conhecida e interpretada em obras específicas. Neste capítulo, vamos discutir como se configura a relação entre o arquivo e a história.

(6.1)
História e memória

No momento, ressaltamos o caráter democratizante e libertador da digitalização de acervos por parte dos arquivos espalhados no mundo. O poder associado ao fato de dispor das fontes marcou grande parte dos historiadores dos séculos XIX e XX. Imagine a necessidade de conhecer uma língua como o russo e viajar para a Rússia para ter acesso a determinados documentos fundamentais para a pesquisa e interpretação de eventos ocorridos no Brasil? Além da questão do alto custo financeiro, a língua é outro elemento limitador. Nesse caso, a digitalização dos acervos permite o acesso à informação e sua divulgação para um número amplo de pesquisadores. O poder de acessar as fontes e, por extensão, o conhecimento pode ser, assim, compartilhado.

Será que é interessante para as instituições manterem suas páginas oficiais contendo toda a documentação disponível? Certamente! A disseminação com a devida referência só ajuda a divulgar a instituição e é mais uma garantia de permanência do documento e/ou acervo em sua posse. Podemos supor que, se o incêndio do Museu Nacional pudesse ter sido previsto, teria sido muito útil que todos os seus visitantes tivessem registrado o acervo e pudessem detalhá-lo como uma memória técnica. Sob essa ótica, a reprodutibilidade dos acervos escritos precisa ser entendida como uma proteção por parte das instituições e uma garantia da relevância de seus documentos. Se assim não fosse, qual seria o valor de um documento consultado uma só vez, interpretado por um pesquisador e depois totalmente esquecido?

Logo, a vitalidade dos acervos depende do interesse dos pesquisadores por esse material. Historiadores formam o grupo de maiores interessados nesses conteúdos; físicos ou digitais, os arquivos sempre farão parte do ofício do historiador.

Mas como deve se caracterizar essa relação entre historiador e arquivo? Nem sempre essa relação é saudável ou corresponde às expectativas da pesquisa. Todo historiador pode ter uma recordação de frustração na consulta a acervos ou em relação às fontes consultadas. Problemas banais, como até o próprio estado das fontes, podem interferir nessas experiências.

Neste ponto, você pode se perguntar: O que de tão traumático pode acontecer na visita a um arquivo? A resposta pode variar de acordo com os contextos e as temáticas de pesquisa. No século passado, os historiadores necessariamente tinham de visitar os arquivos pessoalmente. Nem sempre os arquivos pertinentes às pesquisas estão localizados na cidade do pesquisador. Por isso, naquele contexto, viagens e falta de comunicação e de informação provocavam tensões nas pesquisas em arquivos. Cabe notar que o fato de o indivíduo se apresentar como pesquisador ou ter documentos do orientador ou de sua instituição de ensino não necessariamente facilita seu acesso a determinados acervos.

Por exemplo, cartórios, que são concessões públicas e que aparentemente não deveriam inspirar grandes preocupações, podem impossibilitar pesquisas inteiras. A não obrigatoriedade de envio de documentos antigos para um arquivo nacional, de fato, provoca uma situação em que acervos históricos inteiros estão em poder de instituições particulares que não estão comprometidas com o avanço do conhecimento.

O desconhecimento e a má-fé, aliados a determinações ultrapassadas, também são empecilhos na pesquisa em arquivos, bem como a burocracia, as cobranças e os tratamentos diferenciados. Esses são alguns dos aspectos que impossibilitam o acesso do historiador a determinado arquivo.

Mesmo em instituições federais, os horários de funcionamento alternativos e as manutenções sem prévio aviso igualmente inviabilizam projetos de pesquisa e arruínam possíveis investigações entre os estudiosos. Quando uma catástrofe acontece, como um incêndio, a justificativa para essa impossibilidade é, no mínimo, mais aceita. Porém, quando há apenas má-fé dos órgãos gestores e falta de visibilidade em relação às suas atitudes, o papel do pesquisador é infelizmente colocado em suspeita.

Mas o que fazer diante de um cenário pouco previsível? Algumas atitudes são esperadas por parte do pesquisador como pré-requisitos da visita pessoal a um arquivo. Nesse contexto, um protocolo de como pesquisar os arquivos pode ser útil.

Um dos primeiros aspectos que precisam ser levados em consideração diz respeito à pesquisa prévia sobre o arquivo em que o pesquisador desenvolverá a pesquisa. A história dessa instituição pode auxiliar na compreensão e na antecipação das possíveis questões e problemas que podem surgir nessa pesquisa.

Um segundo ponto se refere ao estabelecimento de uma relação saudável com os arquivistas. Nesse sentido, aspectos básicos de educação e bom senso são relevantes, pois se trata de profissionais que conhecem o acervo e que, quando são abordados com respeito e reconhecidos como úteis e detentores de conhecimento, podem auxiliar no trabalho do pesquisador. No caso oposto, também podem levantar infinitas barreiras e até inviabilizar a tarefa. A esse respeito, podemos problematizar o que é expresso e divulgado nos *sites* das instituições e o que acontece na realidade dos arquivos.

Por exemplo, os horários de almoço são sempre rigorosos nos arquivos. Não importa o quanto o pesquisador tenha viajado para chegar até determinada instituição ou o quão distante fica esse acervo: será preciso esperar para consultar o arquivo, nesse caso. Portanto, as instituições cumprem regras, as quais são impostas e cumpridas por humanos. Logo, simpatia e empatia sempre podem contribuir nesses momentos.

Contudo, nada disso valerá a pena se o objetivo da visita não for previamente definido. Os arquivos têm uma grande diversidade em seu acervo. É possível passar muito tempo apenas consultando uma lista, muitas vezes sequer atualizada, de documentos que foram anexados àquele acervo. Mesmo com uma ideia vaga, a importância de um objetivo de pesquisa faz toda a diferença na consulta de arquivos – a objetividade é uma das características desse setor.

Além do fato de ser preciso saber o que deve ser pesquisado, o objeto selecionado merece um levantamento bibliográfico prévio. Todos os aspectos mencionados devem ser pré-requisitos para a pesquisa em um arquivo.

Nesse momento, a pergunta que pode surgir é: Como saber pesquisar o que faz parte desse arquivo? Dessa forma, é essencial reforçar a necessidade de promover uma leitura direcionada no meio acadêmico. Muitas notas de rodapé de leituras prévias podem antecipar a presença de documentos interessantes e totalmente relevantes para a formação de um profissional dessa área. Por essa razão, a leitura prévia e dirigida é um dos aspectos que antecedem essa ida ao arquivo.

Muitas pesquisas iniciam a partir da leitura de uma nota de rodapé presente em uma obra de referência. Assim, a correta referência da fonte facilita o trabalho de todos os pesquisadores. Ademais, a fonte nunca é esgotada por uma abordagem histórica. Assim, um mesmo documento pode ser interpretado para diferentes objetivos.

Educação e simpatia com os funcionários de uma instituição arquivística ou em qualquer outra circunstância fazem parte do ser social. Além disso, o trabalho também rende em virtude do conhecimento prévio das regras de funcionamento da instituição. Ainda assim, os canais de contato são oportunidades para a reclamação e a solicitação de informes mais precisos, quando necessários.

Mesmo com tantos possíveis desafios, o historiador pode ter acesso a determinados acervos na internet. Para isso, algumas ferramentas estão disponíveis, embora o manuseio delas possa ser limitado. Vale observar que todo aprendizado é capaz de reverter as possíveis deficiências nesse meio. Nessa lógica, o pesquisador nunca deve desistir diante de uma primeira tentativa fracassada de acesso ou por não saber informar o *login* exato, entre outros fatores.

Mas como se deve proceder quando aparecem vazios documentais entre as datas? As lacunas também devem ser consideradas pelo pesquisador, bem como problematizadas e expostas. Por isso, podemos assumir que o trabalho reflexivo também é uma das características da história. A crítica às fontes deve ser um processo constante durante todo o processo de pesquisa.

Outro aspecto essencial ao trabalho com acervos diz respeito à articulação entre os documentos procurados no arquivo de origem e seu conhecimento por parte dos solicitantes, lembrando que os profissionais do arquivo são especialistas na organização e metodologia para consulta e preservação, mas não necessariamente no tema que está sendo pesquisado naquele momento.

Nesse contexto, sugestões sempre são bem-vindas. Por vezes, o olhar em busca de determinada informação pode se deparar com outra fonte mais rica em termos de possibilidades. Por isso, discutiremos neste capítulo sobre a importância da relação entre a memória e a história, considerando, também, como os acervos pessoais (no caso, correspondências depositadas em arquivos) podem contribuir para o avanço do conhecimento histórico.

A investigação científica avança quando existe investimento em pesquisa, isto é, mais laboratórios, mais profissionais envolvidos e mais tempo para a pesquisa. Na história, também ocorre dessa maneira, sendo que um laboratório de história pode ser entendido como um espaço de memória ou um arquivo.

Os suprimentos para o desenvolvimento da pesquisa histórica se encontram nesses ambientes. Quanto mais profissionais, mecanismos e tempo para a elaboração da pesquisa houver, melhores serão os resultados.

Nas últimas décadas, percebemos um maior investimento nos meios e nas formas de acessibilidade a arquivos e laboratórios. Assim, foram aprimoradas as ferramentas para a conservação, a preservação e a catalogação de documentos, além da inclusão de novas ferramentas de busca. O resultado dessa ação foi expressivo.

A diversidade de fundos e de possibilidades de pesquisa, aliada à presença de novos suportes, incentivou a produção de projetos mais ambiciosos de sistematização de documentos, o aumento de arquivos e o desenvolvimento de correntes historiográficas variadas. Como filhos de seu tempo, os historiadores buscam responder a questões do seu presente, além de inquietações e problemáticas que podem ser relacionadas com o conhecimento do passado. Nessa perspectiva, os pesquisadores vivenciam, atualmente, preocupações que não faziam parte do escopo dos historiadores dos anos 1960.

Entretanto, sabemos que a história se refere a uma construção de sua época. Se em determinado momento a investigação acerca dos relatos de viajantes estrangeiros no Brasil era uma tendência nos estudos históricos, o motivo poderia estar relacionado com a disponibilidade de fontes, com determinado contexto político etc. Provavelmente, no futuro, os historiadores também perceberão esses elementos que nos afetam na contemporaneidade como estímulo para pesquisas.

Os direitos humanos ilustram bem essa questão. Em 2005, foi criado um grupo de trabalho pela Secretaria Especial de Direitos Humanos da Presidência da República com o objetivo de implantar um centro de documentação sobre a temática da violação dos direitos humanos no país.

Como momento significativo dessa temática, a escolha pelo recorte da Ditadura Militar (1964-1985) foi pertinente como aprofundamento sobre o conhecimento desse período histórico, possibilitando a coleta de novas informações e documentos que ampliariam o entendimento sobre o assunto. Como uma iniciativa, no mesmo ano, foi estabelecida a necessidade de requerimento de documentos sobre esse momento aos diversos órgãos federais.

Esse trabalhou se iniciou com a consulta ao acervo da Agência Brasileira de Inteligência (Abin). O passo seguinte foi o recolhimento das documentações de órgãos extintos, como o Conselho de Segurança Nacional (CSN), o Conselho Geral de Investigações (CGI) e o Serviço Nacional de Informações (SNI). Todos esses acervos e os demais que foram demandados durante esse projeto foram enviados para o Arquivo Nacional.

Em 2006, o nome do projeto – Memórias Reveladas – foi divulgado. Esse programa angariou recursos por meio de outros projetos de patrimônio, e os anos de 2008 e 2009 foram marcados pela aquisição de equipamentos e pelo treinamento de pesquisadores.

No ano de 2009, foi lançada a campanha Memórias Reveladas, com a intenção de localizar os desaparecidos políticos da ditadura e receber doações de documentos relacionados ao tema. Como incentivo aos demais pesquisadores, foi instituído um prêmio pela monografia que utilizasse esse arquivo.

Dessa forma, a ocorrência de seminários, o apoio a uma legislação que garantisse a lei do acesso, a valorização de arquivos e de acervos arquivísticos foram ações que resultaram em publicações que se tornaram referência na área. A rede de instituições parceiras também foi bastante incrementada, e prêmios para pesquisas de destaque permitiram a publicação de diversos trabalhos de pesquisa com essa documentação (Brasil, 2014).

Uma das maiores consequências do projeto foi o número de documentos digitalizados, compondo aproximadamente 13 milhões de páginas. Em uma nova fase do programa, pretende-se realizar o mesmo levantamento e a digitalização com arquivos estaduais.

Paralelamente a esse projeto, ocorreu a instituição de um órgão temporário denominado Comissão Nacional da Verdade (CNV). Criado pela Lei n. 12.528, de 18 de novembro de 2011, esse órgão teve por objetivo o levantamento de violações de direitos humanos no período de 1946 até 1988 (Brasil, 2011d). A princípio, o trabalho se encerraria em 2013, mas uma portaria alterou a data, e os relatórios finais foram finalizados e entregues em 2014.

Em conjunto com autoridades no assunto, uma equipe multidisciplinar produziu o relatório da CNV mediante a reunião de milhares de documentos, fotografias, vídeos e depoimentos variados, além da congregação acervos estaduais, municipais e estrangeiros, como documentos provenientes de países como Argentina, Alemanha, Chile, EUA e Uruguai.

Toda essa documentação está depositada e digitalizada no Arquivo Nacional. A consulta *on-line* ao *site* permite acessar os relatórios e os documentos referentes a cada volume dos relatórios. Além de textos, o arquivo também disponibiliza fotos, vídeos e áudios, ou seja, todos os suportes utilizados durante o trabalho.

Sob essa ótica, o esforço para documentar todas as etapas do projeto acabou dando origem a outro arquivo que aponta diversas possibilidades de pesquisa para os estudiosos. A busca pela verdade, pela justiça e pelo conhecimento, aliada ao processo envolvido nessa experiência, forma outra perspectiva de abordagem, em conjunto com o material gerado e organizado para os estudiosos desse período conturbado da história do Brasil.

Nesse sentido, perícias e diligências técnicas foram outras atividades da CNV, na tentativa de elucidar as mortes dos envolvidos na Ditadura Militar. Tais documentos enriquecem o conhecimento desse contexto e estimulam outros trabalhos semelhantes.

Na Figura 6.1, a seguir, é possível verificar o trabalho realizado com a documentação no qual se contemplaram laudos técnicos e a reconstituição do assassinato de Carlos Marighella, em 4 de novembro de 1969, por policiais de São Paulo em uma emboscada. Marighella foi um dos mais emblemáticos membros da resistência ao golpe no Brasil. Ex-deputado federal pelo Partido Comunista Brasileiro (PCB) da Bahia, cassado em 1946, no período do golpe fundou a Aliança Libertadora Nacional (ALN).

Toda a experiência com esse projeto foi representativa quanto às possibilidades do trabalho da arquivística e da história em prol da memória.

Adriane Piovezan

Figura 6.1 – Análise dos elementos materiais produzidos em função da morte de Carlos Marighella

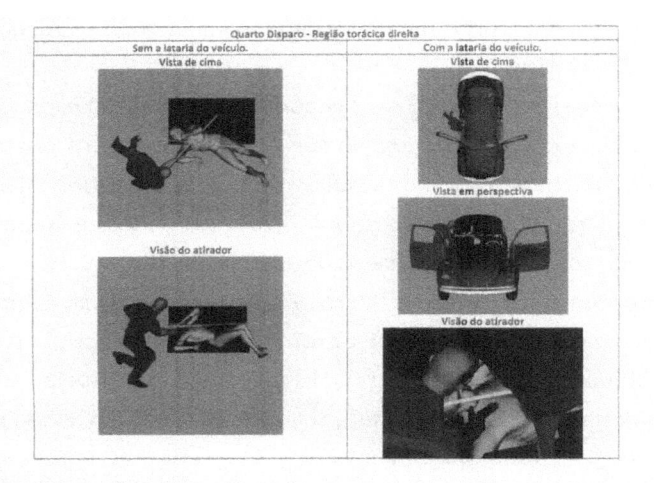

Fonte: Análise..., 2012, p. 13.

Atualmente, na página do projeto Memórias Reveladas, disponibiliza-se um *link* para o *site* oficial da CNV. Entretanto, o projeto original de ampliação da parceria por meio do levantamento de outros acervos e de outras possibilidades de pesquisa não voltou a ser mais discutido. Assim, resta aos pesquisadores e aos arquivistas esperar a retomada do programa e a multiplicação dessa atividade. Um esforço dessa natureza seria bem-vindo em relação a outros acontecimentos da história do Brasil.

Outro projeto que articula a história e a memória por meio da construção de uma base arquivística disponibilizada digitalmente é o Atlas Digital da América Lusa, uma iniciativa que nasceu na Universidade de Brasília (UnB), em 2009. Em sua origem, a pretensão era criar uma lista de municípios, chamados de *vilas* ou *freguesias* até 1808. Porém, com o aumento da equipe, os objetivos também cresceram, e uma base de dados com informações da história colonial foi incorporada ao projeto.

Seu lançamento oficial ocorreu em 2011 como modelo de uma história digital. A partir de 2012, o projeto passou a integrar os chamados *sites wiki* e, por isso, começou a aceitar a contribuição de outros pesquisadores. Participando de vários eventos, o projeto foi reconhecido como uma enorme contribuição na indexação de verbetes, no serviço de geo-história (com a utilização dos mapas) e como um arquivo de construção coletiva.

Trata-se de um projeto que mantém um portal relacionando diferentes abordagens do período proposto. Um dos elementos originais desse repositório digital é a seção "Santo do Dia".

Uma ferramenta bastante original nesse portal é o Mapa Digital. A possibilidade de realizar um geoprocessamento histórico é fascinante dentro desse contexto. Basta ao pesquisador determinar o local de pesquisa e a data. Ao passar com o *mouse* pelas datas, é possível perceber certas características, como o desenvolvimento da vila ao longo do tempo, obtendo-se um recorte temporal e espacial. Todas essas possibilidades de acesso à memória e à construção da história, antes limitadas aos espaços tradicionais da arquivística, em alguns casos interditados (como no exemplo dos arquivos da Ditadura), foram democraticamente compartilhadas a partir da revolução tecnológica. Essa popularização e o desenvolvimento de ferramentas mais simples e didaticamente eficientes permitiram o avanço do conhecimento histórico em uma dimensão dificilmente alcançada na pesquisa.

Sob essa ótica, o pesquisador tem à sua disposição tanto arquivos presenciais como digitais, sendo que ambos são essenciais para seu trabalho, pois um completa o outro no sentido de possibilitar o acesso à informação. Assim, o trabalho de divulgação, com efeito, também contempla esse cenário de satisfação pelo mundo da história.

(6.2) Acervos pessoais: uma possibilidade do fazer histórico

Considere o que até hoje você produziu, colecionou, armazenou e organizou em sua existência. Seus dados em seu computador pessoal, seu *pendrive*, seus arquivos digitais... Todos esses elementos compõem seu arquivo pessoal. O que tal material revelaria sobre você e sua trajetória?

Os arquivos pessoais são formados por esses documentos, que revelam tanto momentos relevantes e determinantes de sua vida como gostos, *hobbies*, valores etc. Ou seja, arquivos pessoais são coleções documentais que têm origem na vida particular de pessoas comuns e que se referem às suas atividades, preferências e funções vinculadas ao cotidiano. A própria seleção do que é guardado ou não nesse acervo demonstra aspectos dessa trajetória de vida.

Quando esse material pertence a uma figura pública que veio a falecer, a gestão desses dados é transferida para instituições, na maioria dos casos. Já quando o sujeito é anônimo, é a família quem determina o destino desse fundo.

O Conselho Nacional de Arquivos (Conarq) dispõe, em sua página oficial, de informações sobre a possibilidade de arquivos pessoais serem declarados de interesse público. Assim, após uma análise do Conarq, se o acervo solicitante preencher os requisitos de apresentar marcos ou dimensões significativas da história social, econômica, técnica ou cultural do país, tal arquivo poder receber o selo de arquivo de interesse público pelo órgão (Brasil, 1991).

Qual é a relevância disso? Segundo o documento do Conarq,

A declaração de interesse público e social será acompanhada de um diploma, que certificará sua importância para a memória nacional. Esse diploma, além de valorizar o arquivo, é um importante instrumento para a obtenção de apoio junto a agências financiadoras públicas ou privadas visando à preservação e divulgação do acervo. (Brasil, 2019c)

Essa possibilidade pode representar a diferença entre a preservação e o apagamento de dados significativos para a cultura nacional. Além disso, pode determinar a permanência ou não de determinado acervo em instituições nacionais ou, ainda, o envio de tais documentos para o estrangeiro.

Alguns casos são conhecidos do público em geral porque se transformaram em manchetes de jornais. Por exemplo, o acervo do escritor baiano Jorge Amado foi ameaçado pela família em virtude da possibilidade de sua venda para uma universidade dos Estados Unidos[1]. Outro caso se refere a alguns documentos e fotos de Patrícia Galvão, a Pagu, jornalista, escritora e musa do modernismo. Em 2004, uma catadora de recicláveis encontrou um pequeno acervo de Pagu e percebeu que era importante; assim, conseguiu salvar tais documentos, que foram doados ao Arquivo Edgard Leuenroth, da Universidade Estadual de Campinas (Unicamp).

Todo mundo conhece uma história de algum familiar em que fotografias foram divididas, documentos e objetos foram doados, extraviados ou descartados. Arrependimentos sobre a destinação final de itens como esses, bem como discussões a respeito da divisão desses documentos, também são comuns em casos familiares.

Mas o que isso importa para a história? Estamos falando de casos distintos, de pessoas anônimas e de figuras públicas, mas cujo resultado revela uma mesma consequência: perde-se a possibilidade de pesquisar e conhecer mais profundamente determinados momentos e aspectos da história desses indivíduos.

Jorge Amado trocou cartas com diversas personalidades importantes do século XX. No caso, seu acervo está preservado, mas as dificuldades de acesso, como já destacamos nos capítulos anteriores, determinarão a oportunidade ou não de se discutir sobre certos itens desse acervo. Em todo caso, uma instituição que se propõe a manter um acervo sempre procura garantir que ele será conservado adequadamente.

---

1   A Fundação Casa de Jorge Amado conseguiu manter o fundo Jorge Amado. A família do escritor se desfez de toda a coleção de obras de arte do autor baiano em 2008, no intuito de manter a fundação, a Casa do Rio Vermelho e outros projetos sociais. A solução evitou uma tragédia, ao mesmo tempo que fragmentou para sempre uma coleção de arte importantíssima e que merecia ser mantida em um museu com o nome do escritor. Sobre o assunto, consulte: ABI – Associação Brasileira de Imprensa. **Coleção Jorge Amado nas mãos de particulares.** 1 dez. 2008. Disponível em: <http://www.abi.org.br/colecao-jorge-amado-nas-maos-de-particulares/>. Acesso em: 16 jun. 2020.

No caso de Pagu[2], o acaso fez com que a catadora perguntasse para uma estudante de filosofia o significado daquele material, salvando-o da destruição. O acervo encontrado no lixo dizia respeito a carteiras de trabalho dela e de seu esposo na época, fotografias importantíssimas, entre outros itens. Em suma, tratava-se de documentos relevantes para qualquer pesquisa desenvolvida sobre a temática, a qual poderia ser repleta de lacunas diante da ausência desse material pessoal.

Todos nós precisamos conhecer nossas histórias: de onde viemos, quem foram nossos ancestrais, quais foram os momentos importantes e/ou inusitados, determinantes ou trágicos de nossa existência e da de nossos familiares. Em algumas situações, tais documentos também são indispensáveis para nossa própria trajetória. Um desses exemplos é a busca pela obtenção de cidadanias estrangeiras, prática muito comum na atualidade.

Os arquivos pessoais são, assim, extremamente valiosos. Além de complementarem pesquisas, fornecem inúmeros elementos para a compreensão de eventos ou decisões das trajetórias de vida dos indivíduos aos quais tais arquivos pertencem.

Há décadas a vida privada vem sendo, aliás, um tema clássico da historiografia. A esse respeito, podemos citar as publicações *História da vida privada*, dirigida por Philippe Ariès e Georges Duby (2009), e *História da vida privada no Brasil*, organizada por Laura de Mello e Souza e Fernando Novais (2020).

Além disso, a biografia é um gênero de destaque nas pesquisas contemporâneas. Ainda que essa temática seja bastante polêmica, como no caso da tentativa de censura prévia no Brasil, em 2011, já comentado

---

2   A história sobre esse caso foi publicada no seguinte artigo: NASSIF, L. *Acervo de Pagu encontrado por acaso no lixo*. **Jornal GGN**, 12 nov. 2011. Disponível em: <https://jornalggn.com.br/cultura/acervo-de-pagu-encontrado-por-acaso-no-lixo/>. Acesso em: 16 jun. 2020.

em capítulo anterior, os acervos biográficos podem ser nominados de interesse público e social por meio de um dispositivo legal.

No Brasil, a Lei n. 8.159, de 8 de janeiro de 1991, conhecida como *Lei de Arquivos*, contém uma seção específica sobre os arquivos privados (Brasil, 1991). Outras legislações, como o Decreto n. 2.942, de 18 de janeiro de 1999 (Brasil, 1999), e a Resolução n. 12, de 7 de dezembro de 1999, do Conarq (Brasil, 2000), também reafirmaram a possibilidade de que determinados assuntos de figuras públicas, mesmo sendo privados, sejam divulgados se atenderem aos requisitos de interesse público e social[3].

Uma das fontes mais utilizadas para esse tipo de pesquisa são as cartas. Arquivos epistolares são mananciais de possibilidades de informações sobre aspectos não revelados em documentos burocráticos ou oficiais. A natureza desse tipo de documento, na maioria das vezes íntima, sendo endereçado a apenas um destinatário, permite identificar aspectos profundos sobre determinados momentos da vida do objeto de estudo.

Aparentemente, a carta tem (ou tinha, no passado) a função de se configurar como uma conversa privada com o destinatário. Assim, os elementos nela presentes revelam dados sigilosos ou mais íntimos relativos a determinados momentos.

Desde 1973, o Programa de Arquivos Pessoais (PAP) do Centro de Pesquisa e Documentação de História Contemporânea do Brasil da Fundação Getulio Vargas (CPDOC/FGV) tem a intenção de agrupar

---

3 *Um dos exemplos marcantes referentes a essa discussão diz respeito ao caso da biografia não autorizada do cantor brasileiro Roberto Carlos, já comentada em capítulo anterior. Outro momento de destaque foi a tentativa de censura encabeçada pela empresária do ramo musical brasileiro Paula Lavigne. Em 2012, ela promoveu um projeto chamado Procure Saber, que justamente tinha como objetivo proibir biografias não autorizadas de personalidades do universo artístico no Brasil.*

tais acervos por meio de uma metodologia desenvolvida especificamente para esse objetivo. Grande parte desses materiais é composta por correspondências oficiais, mas outros objetos de natureza diversa também fazem parte desse acervo.

Por seu caráter jurídico, as especificidades vinculadas à organização de arquivos pessoais são diferentes em relação aos acervos públicos. Sob essa ótica, são três os momentos essenciais para a organização de um arquivo pessoal recebido em uma instituição: a classificação, o respeito à sua proveniência e a categorização de seus arquivos.

Um primeiro ponto se refere à existência ou não de uma política de guarda de fundos pessoais. Dois exemplos são significativos de como ocorre o acolhimento desse tipo de material: em 1973, o CPDOC/FGV, já citado neste texto, organizou o fundo de ex-presidentes do Brasil com um guia desses arquivos; em 1984, os Arquivos Nacionais Franceses também lançaram uma campanha de arrecadação e organização de acervos de figuras públicas do Estado. A principal vantagem de uma organização nacional ou regional que se ocupa dessa questão é a não fragmentação da documentação. Para determinado pesquisador, o interesse pelo indivíduo e seu arquivo pessoal e a centralização de seu fundo são essenciais para o sucesso do trabalho.

Como esses acervos pessoais podem chegar a uma instituição? Por meio de doação, compra, depósito e/ou legado. O acervo pessoal do historiador brasileiro Sérgio Buarque de Holanda, por exemplo, foi disputado pela Universidade de São Paulo (USP) e pela Unicamp. Morto em 1982, o historiador teria manifestado o interesse de que seu acervo fosse doado para a Unicamp, mas o argumento definitivo foi a quantia de 100 milhões de cruzeiros conseguidos pela universidade para pagar a família em 1983. Mais de 8,5 mil volumes compõem essa biblioteca, que, conforme desejou a família, não poderia ser fragmentada. Até mesmo móveis, como a poltrona do historiador, teriam de permanecer junto ao conjunto do acervo. Em 1985, a família enviou os documentos pessoais de Sérgio Buarque de Holanda, além de cartas e outros manuscritos que enriqueceram ainda mais o arquivo para os pesquisadores do grande historiador brasileiro.

O interessante nesse exemplo de acervo pessoal diz respeito à sua diversidade: ele contém o registro de nascimento do historiador, as bulas dos medicamentos que ele usava, além de demais documentos que continuaram sendo enviados pela família ao longo dos anos. Desde 2002, existe um projeto de digitalização de todo esse acervo, dividido também com outros registros sobre o autor de *Raízes do Brasil*.

Ainda sobre as cartas, esse suporte se refere a um dos documentos mais comuns nos acervos pessoais, ricos em possibilidades de pesquisa. Nesse sentido, os arquivos epistolares, de cartas e correspondências, podem compor a maior parte de um acervo pessoal.

Desde a popularização da internet e do mundo digital, tornou-se difícil pensar em correspondências trocadas por correio, não é mesmo? Talvez você precise fazer um exercício mental para lembrar a última vez que trocou alguma carta física com alguém – é possível, até mesmo, que jamais tenha vivenciado essa experiência. Entretanto, até os anos 1990, essa era a forma mais comum de as pessoas se comunicarem, por meio de cartas oficiais, de correspondências entre parentes distantes, de cartões físicos comemorativos de datas celebrativas etc. Em nosso dia a dia, costumamos receber por correio apenas correspondências de cobrança (os "famosos" boletos). Porém, no passado as cartas eram uma importante fonte de informação, de troca de conhecimentos, de reconhecimento de necessidades profissionais e, também, de afeto.

Assim, qualquer fundo dos que recém-mencionamos, por exemplo, terá dezenas ou até milhares de correspondências. Sérgio Buarque de Holanda, desde seu nascimento (nos anos 1920) até sua morte (final da década de 1980), trocou milhares de cartas com outras pessoas. Como algumas correspondências do historiador ainda vêm sendo encontradas e incorporadas ao seu fundo, seu catálogo também é constantemente atualizado[4].

Inúmeros trabalhos podem ser realizados com esse tipo de acervo. Um dos que podemos destacar diz respeito à troca de correspondências de Sérgio Buarque com o escritor Mário de Andrade, resultado de mais de dez anos de pesquisa e publicado na obra *Mário de Andrade e Sérgio Buarque de Holanda: correspondência*, organizado por Pedro Meira Monteiro (Monteiro, 2012). O autor trabalhou com as correspondências trocadas por ambos de 1922 até 1944, ou seja, três décadas de documentos que foram suficientes para uma reflexão profunda e um trabalho importantíssimo do ponto de vista historiográfico. Esse foi um dos recortes possíveis e específicos de um manancial de fontes disponíveis no catálogo de correspondências de Sérgio Buarque de Holanda.

Mas como os arquivos organizam as correspondências? Geralmente, o material epistolar pode ser dividido entre as cartas que têm uma função administrativa, as correspondências pessoais particulares e as cartas pessoais privadas. Mas por que promover essa distinção?

As cartas dos séculos XVII e XVIII, por exemplo, tinham a função de descrever atividades e notícias precisas do ponto de vista burocrático. Um dos documentos mais importantes para a história do Brasil, a Carta de Pero Vaz de Caminha, é um desses exemplos. Trata-se de

---

4 *A última atualização que constatamos foi a incorporação do catálogo de 2014, disponível no seguinte endereço eletrônico: UNICAMP – Universidade Estadual de Campinas. Arquivo Central do Sistema de Arquivos. Área de Arquivo Permanente.* **Catálogo do Fundo Sérgio Buarque de Holanda.** *Campinas, 2014. Disponível em: <https://www.siarq.unicamp.br/siarq/images/siarq/pesquisa/catalogos/catalogo_sbh.pdf>. Acesso em: 16 jun. 2020.*

uma correspondência pessoal do escrivão com o rei, mas que tinha a função de comunicar a posse do Brasil, compondo um relatório da viagem realizada e do descobrimento do novo território. Outras cartas relacionadas a Pero Vez de Caminha também se referem ao fato de ele ter herdado do pai o posto de escrivão na cidade do Porto, por exemplo. Tais assuntos burocráticos, ainda que mencionem um familiar ou seus descendentes, são comunicações reais em torno de aspectos do Estado.

As cartas pessoais particulares também tinham essa função burocrática, mas sob a premissa de promover aconselhamentos ou instruções que não foram escritas para ficar para a história, e sim para resolver problemas práticos, sempre constituindo balanços provisórios.

Na obra *Arquivologia das correspondências*, o autor Marlon Salomon analisa o arquivo do Marquês do Lavradio e sua troca de cartas com amigos ou colegas distantes. Em 1768, o marquês escreveu a seu tio solicitando conselhos, em busca de direcionamentos e conhecimentos tidos por ele como necessários (Salomon, 2010). Esse tipo de documento revela toda a tensão envolvida nas disputas de poder, em que escrever essas cartas significava reconhecer uma hierarquia de conhecimentos e experiências.

Nesse contexto, cartas pessoais privadas eram mais raras. Pero Vaz de Caminha, por exemplo, não deixou uma correspondência pessoal com esposa, amigos ou familiares, e tal atitude era bem comum no período em que ele viveu. As cartas pessoais privadas eram incomuns, mas alguns itens desse tipo de material sobreviveram.

Como exemplo, citamos a correspondência de outra escrivã como Pero Vaz Caminha, no caso, Mariana Alcoforado, escrivã e freira do convento de Nossa Senhora da Conceição, da Ordem das Clarissas, em Beja, Portugal. Em 1663, a irmã Mariana teria conhecido o oficial francês Marquês de Chamilly e escrito cinco cartas para ele. Essas epístolas já foram publicadas em 1669, na França, sob o título *Cartas portuguesas* e despertaram interesse pelo seu conteúdo romântico. Foram apenas cinco cartas, para as quais a autora não obteve resposta do Marquês de Chamilly (ao menos, não se tem notícia de tais devolutivas), mas que marcaram toda uma geração de escritores, pelo seu tom confessional e pela subjetividade expressa nos textos[5].

As cartas pessoais íntimas se tornaram mais comuns a partir do século XIX. A ideia de privacidade, intimidade e subjetividade foi construída com maior consistência nesse contexto de ascensão da burguesia. Tal individualismo nos costumes se iniciou antes, já entre os séculos XVII e XVIII, mas somente no século XIX atingiu mais visibilidade, chegando às camadas mais amplas da sociedade.

Vale observar que a alfabetização é um elemento determinante para que esse tipo de registro pessoal seja produzido. É o século XIX, dos diários, das escritas privadas e das cartas que contêm confissões, declarações, impressões íntimas. Nesse contexto, a emergência do privado, na concepção de Philippe Ariès, significava a composição de tudo o que escapava ao Estado (Ariès; Duby, 2009). A escrita de cunho privado íntimo, assim, está articulada ao crescimento da esfera privada, sendo que o aspecto confessional de tais narrativas se tornou comum na segunda metade do século XIX e no início do século XX. Nesse sentido, de acordo com Gass (1994, p. 6),

---

5 Já no século XVII, discutiu-se a veracidade dessas correspondências, com hipóteses de que teriam sido produzidas por um escritor francês. No entanto, na pesquisa de Monique Cordeiro Figueiredo Mendes (2007), a discussão da autoria contextualiza todo o preconceito sobre a possibilidade de uma literatura feminina no período. Para saber mais, consulte: MENDES, M. C. F. **A figura feminina em construção na literatura**: repensando a ficção em Capitães de Abril. Dissertação (Mestrado em Letras) – Universidade Federal Fluminense, Niterói, 2007.

Uma biografia, a escritura de uma vida, é um ramo da história. Exige uma grande mão de obra e, em decorrência seria de esperar-se que o sujeito tivesse algum significado para a história como um todo. Mesmo assim, a maioria da humanidade repousa, como escreveu George Eliot, em sepulcros que ninguém visita, nada tendo deixado atrás de si de sua presença anterior.

Na Antiguidade, esse tipo de escrita poderia abranger relatos de acontecimentos e alguma questão particular, mas, com a ascensão da burguesia, essa situação se inverteu. Os romances de Jane Austen ilustram essa questão. A obra *Orgulho e preconceito* foi escrita em 1797 e publicada em 1813, mas a personalidade de Napoleão e sua ascensão, que foram bastante marcantes no contexto de elaboração e publicação da obra, nunca foram abordadas pela autora[6].

Até mesmo a questão da materialidade das correspondências pode ser tema de análise a partir da análise de acervos epistolares. Nesse caso, em épocas mais remotas, a forma e a qualidade do papel, o tom, o tamanho, a forma, a distância entre o cabeçalho e o início da mensagem são elementos de padronização que mereciam até manuais para a escrita das correspondências (Gastaud, 2011).

Ainda no final do século XIX, a escrita de cartas era um acontecimento único. Dessa forma, a constituição de um arquivo pessoal se tornou, como afirma Salomon (2010), um marco decisivo, ao permitir que personagens comuns fossem protagonistas da história. O estudo do autor sobre os arquivos de correspondência de imigrantes alemães

---

6   A obra de Jane Austen é bastante pesquisada. Sobre a questão da ausência de fatos históricos nas obas da autora, Vida (2013, citado por Ferreira; Rogrigues, 2018, p. 17) destaca que "a presença dos eventos históricos [...] são figurados sutilmente por meio de narrativas ambientadas no meio rural, pelos bailes e flertes daqueles habitantes e pelos diálogos ocorridos nesse espaço social em seus romances".

em Blumenau, no Estado de Santa Catarina, mostra como um elemento antes pertencente à aristocracia (as cartas íntimas) passou a compor o cotidiano de pessoas comuns.

Ainda assim, os momentos para registrar por escrito informações, descrições e relatos eram especiais. Sob essa ótica, impressões do novo mundo, das paisagens e dos costumes do cotidiano desses missivistas fornecem inúmeras possibilidades aos pesquisadores em relação a esses contextos históricos.

Mas como o historiador pode trabalhar com esse material? Em um trabalho de pesquisa, as críticas interna e externa a tais documentos não podem ser diferentes do que ocorre com documentos de outras ordens. Isso porque muitos desses missivistas não queriam transmitir aos seus parentes que ficaram na Europa detalhes pouco emocionantes de suas novas vidas. Por inúmeros motivos, algumas situações podiam ser relatadas de outra forma, garantindo ao texto outros contornos mais positivos, na maioria das vezes. De todo modo, ainda que possa haver divergência entre o relato e a veracidade das informações contadas, trata-se de arquivos riquíssimos para o avanço do conhecimento histórico.

Dessa forma, torna-se indiferente descobrir se, de fato, o que era narrado era verdadeiro; o importante é problematizar o que foi mencionado e como tais temas foram inseridos nas narrativas pessoais, pois isso permite ao pesquisador revelar inúmeros aspectos da mentalidade e do cotidiano dos contextos em que tais cartas eram escritas.

Tais fragmentos, mesmo que desagregados, são elementos complementares de um arquivo pessoal. No caso dos imigrantes, eles representam um aspecto que integra todo um novo modo de vida, assim como fotos, lembranças, vestuários e utensílios que representam o que era valorizado na vida dessas pessoas e que, por isso, foram preservados.

Adriane Piovezan

É preciso ater-se ao fato de que o imigrante que chegava ao Brasil dificilmente voltaria para sua cidade de origem. A possibilidade de uma viagem intercontinental era limitada tanto em razão do tempo (as viagens tinham longa duração) como pela questão financeira (o preço de uma passagem era elevado) – provavelmente, muitos imigrantes levaram muito tempo para pagar suas passagens de vinda para o Brasil. Além disso, não era possível telefonar para os familiares, pois esse sistema de comunicação se popularizou apenas na segunda metade do século XX. Assim, restava uma forma de comunicação: a correspondência escrita.

A carta, portanto, era o documento que fazia a circulação, que transportava a "presença" do indivíduo, que inseria no papel sua representação oral (Salomon, 2010). Desse modo, as singularidades dos indivíduos foram mantidas nesses documentos. Ainda que em determinados momentos e pela sua própria estrutura as cartas pudessem revelar alguma padronização, muito do universo íntimo dos indivíduos era exposto nesse tipo de texto.

Lemos (2004) define a carta pessoal como um veículo de comunicação individual e restrito, escrito não para a divulgação pública. Sua complexidade para o estudo é proporcional à sua riqueza como fonte que permite a compreensão de um espaço em que remetente e destinatário interagem.

Logo, trata-se de um acervo que possibilita ao historiador aproximar-se das relações sociais vivenciadas no contexto em que tais cartas foram escritas. Na esteira dessa lógica, Gomes (2004, p. 21) argumenta:

> *Por essa razão, trata-se de um discurso geralmente marcado pelo cuidado no estabelecimento de relações sociais. Ele pode combinar com grande facilidade o que vem do cotidiano/ordinário com o que vem do maravilhoso/ extraordinário. De toda forma, é um espaço preferencial para a construção*

de redes e vínculos que possibilitem a conquista e a manutenção de posições sociais, profissionais e afetivas.

No exemplo citado anteriormente sobre as cartas trocadas entre Mário de Andrade e o historiador Sérgio Buarque de Holanda, encontra-se, no fundo Sérgio Buarque de Holanda, mantido pela Unicamp, a seguinte carta:

Meu caro Mário

Estava para lhe escrever desde o princípio do mês não tendo sido possível devido a uma série de ocupações que tenho tido ultimamente. Não enviei ainda ao Tácito o dinheiro da Klaxon devido a uma preocupação que lhe explicarei breve em uma carta mais minuciosa. (Andrade; Holanda, 2012, citados por Pacheco, 2018, p. 136)

Segundo o historiador Guilherme Pinheiro Pacheco (2018), que analisou esse material, essa correspondência data de 1922 e mostra o tratamento dispensado ao escritor de *Macunaíma* – a introdução "Meu caro Mário" tem uma conotação afetuosa, embora formal. Outro aspecto a ser destacado nesse pequeno trecho é o comentário sobre "a vida atribulada", referência direta à série de ocupações vivenciadas pelo historiador no período. Como descreve Gomes (1998), o cotidiano é permeado por assuntos mais intelectualizados nesse tipo de correspondência.

Como fontes de informação, as cartas se tornaram atraentes fontes históricas. Contudo, o olhar crítico sobre tais acervos também deve ser determinante por parte do pesquisador. As cartas de leitores costumavam compor até mesmo uma seção à parte em revistas e jornais até o final do século XX. Com a popularização do ciberespaço, poucos desses periódicos continuaram sendo impressos. Esse campo, que corresponderia à interatividade com os leitores, refere-se ao espaço destinado aos comentários dos leitores, disponível ainda em alguns periódicos e *blogs* digitais. Entretanto, tais textos merecem constantes filtros por parte dos pesquisadores. O perigo de usar fontes "pessoais" em um trabalho rigoroso de pesquisa é a não comprovação desses documentos. No período em que as cartas dos leitores eram impressas nos periódicos, essa constatação também estava presente.

Nesse sentido, cabe questionar: Um arquivo pode guardar revistas e jornais, mas também detém o acervo desses periódicos? E, se sim, as cartas dos leitores seriam mantidas nesses arquivos originais? Tal questão é essencial para a compreensão dos riscos com determinados suportes na pesquisa[7].

Um dos trabalhos mais importantes sobre o uso da imprensa como fonte histórica é de Tania Regina de Luca. Aspectos como a questão da subjetividade de quem escreve o texto, aquilo que é destacado pelo periódico, os conflitos entre os agentes envolvidos com os patrocinadores, entre outros aspectos, demonstram que, mesmo que em um primeiro momento haja uma grande tentação de se trabalhar com qualquer material epistolar, inclusive as cartas para os jornais, o pesquisador precisa analisar os riscos dessa abordagem (Luca, 2006).

No meio arquivístico, a correspondência se configura como toda espécie de comunicação escrita que circula nos órgãos ou entidades, à exceção dos processos. Quanto à sua natureza, a correspondência se classifica em interna ou externa, oficial ou particular, recebida ou expedida (Brasil, 2005a).

---

7   O escritor *Rubem Fonseca (1994) levantou essa hipótese em seu conto "Corações solitários". Na ficção por ele criada, a seção "Cartas ao leitor" de um jornal popular era dividida entre os redatores do periódico, que escreviam como leitores. Obviamente, ilustramos esse cenário com uma ficção, mas a problemática pode se revelar como uma provocação ao pesquisador que pretende abordar esse tipo de fonte.*

A correspondência oficial sempre esteve presente nos acervos documentais, e sua classificação e verificação por parte dos arquivos são amplamente conhecidas. A partir da segunda metade do século XX, a correspondência pessoal vem se tornando muito comum e estimulando diversos caminhos de pesquisa no país. Portanto, é fundamental reconhecer a atual importância dessas fontes.

(6.3) ARQUIVOS PESSOAIS: OS IMPASSES DA MEMÓRIA

Na abordagem dos arquivos pessoais, nem tudo é tão simples. Por exemplo, em 1998, Angela de Castro Gomes publicou um artigo intitulado "Nas malhas do feitiço: o historiador e os encantos dos arquivos privados", destacando a sedução desse tipo de acervo, que forneceria uma ilusão de proximidade com a intimidade dos personagens que legaram esses documentos. Nas palavras da autora:

> Este é o grande feitiço do arquivo privado. Por guardar uma documentação pessoal, produzida com a marca da personalidade e não destinada explicitamente ao espaço público, ele revelaria seu produtor de forma "verdadeira": aí ele se mostraria "de fato", o que seria atestado pela espontaneidade e pela intimidade que marcam boa parte dos registros. (Gomes, 1998, p. 125)

Já comentamos como tais formas de organizar os acervos são construções que podem ser intencionais por parte do produtor do arquivo ou de seus gestores. Ainda que os acervos possam aparentar espontaneidade, essa forma de organizar o que seria conservado e o que não mereceria ser lembrado ou deveria ser esquecido deve ser problematizada pelo historiador que tem acesso a esse tipo de documentação.

Inúmeros historiadores foram marcados pelo fascínio das cartas e de diários pessoais, e a omissão, interrupção e destruição de alguns desses registros aparecem como um incentivo para essas pesquisas. A interdisciplinaridade é uma marca constante nesse tipo de produção historiográfica.

A seleção dos pontos cruciais nessas trajetórias é um recorte comum nas obras voltadas para as biografias. Para exemplificar, citamos a pesquisa que culminou no livro *Em busca de Gabrielle: séculos XIX e XX*, de Vavy Pacheco Borges, a qual não seguiu a trajetória linear da personagem, mas, em contrapartida, destacou os momentos significativos na construção dessa personagem (Borges, 2009). Ao longo dessa pesquisa, a historiadora mostra as diversas facetas da biografada, com base em fontes variadas, como processos judiciais e laudos psiquiátricos. Embora a obra não pretenda esgotar a trajetória da personagem, os impasses das memórias de Gabrielle foram precisamente analisados por Borges (2009): da figura da "tia louca" até a mulher decidida em busca de seus direitos.

O não esgotamento de determinado assunto é uma das certezas do pesquisador da história, e essa questão também é válida para o desafio biográfico. Em determinados acervos, essa estratégia é, aliás, uma imposição. Os diários de Getúlio Vargas, atualmente depositados na FGV, estendem-se até o ano de 1942. Porém, Vargas viveu até 1954, e essa lacuna de suas impressões pessoais torna-se significativa para o historiador que pretende pesquisar seus arquivos pessoais. Na concepção da historiadora francesa Arlette Farge (2009), os historiadores pretendem, nesses acervos, saciar sua voracidade por informações do passado, em uma utopia de abarcar o todo que é domada pelas limitações dos acervos e das instituições de guarda.

Ainda que os pesquisadores possam sonhar em encontrar o arquivo pessoal definitivo sobre determinado personagem da história, essa idealização precisa necessariamente ter uma validação histórica. Nesse sentido, é significativo o exemplo do respeitabilíssimo periódico *Stern*, que, em 1983, acreditou na crença da existência de um diário pessoal de Adolf Hitler. A publicação semanal de trechos do que seria o diário pessoal de Hitler levou a própria polícia alemã a investigar esse acervo.

A revista mencionava que Hitler teria escrito 60 diários de junho de 1932 até abril de 1945. Naquele momento, tal notícia causou enorme sensação entre os pesquisadores e a imprensa mundial. Assim, o departamento de polícia iniciou a investigação com a apreensão do material e sua análise pelo Arquivo Nacional Alemão, detectando a fraude[8]. O desejo do pesquisador de encontrar a escrita de determinados personagens da história também pode, como nesse caso, incentivar a ação de falsários.

Ainda que o fascínio desses arquivos seja constante, cabe ao historiador esmiuçar todas as questões que envolvem a constituição desses acervos.

Síntese

De acordo com Le Goff (1990), a força do documento como um produto da sociedade que o fabricou está relacionada à questão do poder. Em seu trabalho, o historiador precisa dessa uma base empírica fornecida pelos documentos/monumentos para proceder à sua análise. Os suportes documentais são variados, e apreender todas essas possibilidades de abordagem do passado é um desafio para esse profissional.

---

8   Para saber mais sobre esse evento, consulte: OCHABA, S. **1983**: Stern publica "diários de Hitler". Disponível em: <https://www.dw.com/pt-br/1983-stern-publica-di%C3%A1rios-de-hitler/a-800973>. Acesso em: 17 jun. 2020.

Ainda, a existência de locais de custódia desses suportes é essencial para o trabalho do historiador. Tais instituições da memória são fundamentais para o trabalho de pesquisa. Com as mudanças nos padrões tecnológicos, os repositários digitais assumiram esse protagonismo como espaços de guarda de memórias, de documentos e da história. Logo, esse meio digital impõe desafios aos diversos profissionais que trabalham em arquivos. Esse é um caminho sem volta e que gera mais benefícios do que desvantagens para a busca do conhecimento e o trabalho crítico de análise do historiador. A relação entre história e memória encontra nos arquivos pessoais um cenário privilegiado para o historiador perceber essa construção de acervos.

Indicações culturais

Filmes

NÓS que aqui estamos por vós esperamos. Direção: Marcelo Masagão. Brasil, 1999. 73 min.

Esse documentário reúne memórias do século XX por meio de imagens e filmes que contam as – nem sempre verídicas – histórias da época. Trata-se de uma montagem sobre esse século e seus contrastes, constituindo-se em uma forma de realizar a história por meio do audiovisual.

O GIGANTE: a hora e a vez do cinegrafista. Direção: Mario Civelli. Brasil, 1968. 90 min.

Trata-se de um documentário realizado como uma espécie de cinejornal, com diversas imagens comparando o Brasil dos anos 1920 com o cenário da década de 1960. Na época de seu lançamento, essa obra foi censurada pelo tom crítico do narrador. É um excelente material iconográfico e outro exemplo de como trabalhar com as imagens de arquivos.

Livros

SARAMAGO, J. **Todos os nomes**. São Paulo: Companhia das Letras, 1997.

Nesse romance de José Saramago, um funcionário de cartório que tem por *hobby* pesquisar sobre a vida de celebridades encontra um documento sobre uma mulher anônima e inicia uma busca para descobrir a história dela. Samarago faz, nessa obra, uma importante reflexão sobre o trabalho do historiador, considerando como proceder a uma pesquisa histórica com base em um paradigma indiciário.

LAGO, P. C. do. **Brasiliana IHGB**: Instituto Histórico e Geográfico Brasileiro – 175 anos. Rio de Janeiro: Capivara, 2014.

Contendo 2,3 mil imagens, essa obra mostra a importância do Instituto Histórico e Geográfico Brasileiro (IHGB) para a memória da história brasileira. Em seu acervo, o instituto possui documentos, livros e mapas essenciais para a compreensão da formação dessa instituição.

Atividades de autoavaliação

1. Considerando a relação entre história e memória, assinale a alternativa correta:
   a) Desde a ampliação das possibilidades de abordagem histórica, a função do arquivo deixou de ser relevante para o entendimento da história.
   b) Os arquivos contribuem pouco com o trabalho do historiador, já que não se atualizaram e seus acervos são compostos apenas por documentos oficiais.

c) O acesso ao documento de um arquivo também pode ser um elemento de poder do conhecimento histórico. O arquivo digital, bem como novas formas de compartilhamento de fontes, promovem a democratização desse acesso.

d) Pouco se tem feito pela digitalização de acervos no Brasil e no mundo. A tecnologia praticamente não alterou o entendimento das instituições arquivísticas.

e) Não existem acervos digitais disponíveis sobrediversos momentos importantes da história recente do Brasil, como a Assembleia Constituinte.

2. A respeito da dimensão política e dos usos da história pelo presente, indique a seguir a alternativa que **não** corresponde à realidade atual:

a) Projetos como o Memórias Reveladas são essenciais para o conhecimento da historicidade em relação a questões pertinentes do presente, como os direitos humanos.

b) A administração política dos usos da história incentiva o avanço do conhecimento histórico com projetos que envolvem diversos profissionais e abrangem o país todo, como no caso da Comissão Nacional da Verdade.

c) O projeto Memórias Reveladas, que poderia promover com conhecimento histórico, mostrou-se falho, e o relatório final não foi completo no caso da Comissão Nacional da Verdade.

d) Projetos como o Memórias Reveladas e seu desdobramento, com a formação da Comissão Nacional da Verdade, buscam suprir lacunas nas pesquisas sobre a história recente do país, justamente pela abrangência temporal e espacial.

e) O projeto Memórias Reveladas, embora tivesse como objetivo produzir mais conhecimentos, não alcançou sua meta, pois não existe um material digital sobre seus resultados disponíveis.

3. Sobre os arquivos pessoais disponíveis em acervos documentais, assinale a alternativa correta:
   a) Geralmente, são fontes menores e desprezadas pelos pesquisadores, por serem essencialmente privadas e sem articulação com a dimensão social do objeto.
   b) Apresentam fragmentos e dimensões da subjetividade do sujeito pesquisado, os quais podem ser problematizados pelo pesquisador em relação ao seu papel público.
   c) Na maioria das vezes, esses acervos não são disponibilizados, e a inexistência de um programa federal para o reconhecimento desses fundos dificulta seu acesso.
   d) Formam um conjunto de arquivos menores e dispensáveis na maior parte das pesquisas.
   e) Acervos pessoais não podem ser acessados pelo público, pois serão sempre considerados sigilosos.

4. Exemplo de uma literatura confessional, a obra *Cartas portuguesas*, de Mariana Alcoforado, é uma das obras de referência em seu contexto. A respeito da temática abordada nesse livro, considerando o que estudamos neste capítulo, assinale a alternativa correta:
   a) Trata-se de um registro que é exemplo de um conjunto de correspondências administrativas.
   b) No século XVII, era bastante comum a escrita de cartas pessoais, e Mariana Alcoforado foi uma, entre outras tantas jovens, que usava esse meio para se corresponder.
   c) A obra *Cartas portuguesas* pode ser considerada o exemplo raro de um conjunto de cartas pessoais privadas, ainda que anterior à sua disseminação no século XIX.
   d) Tais espécies de documentos – as cartas – são pouco importantes em um conjunto de arquivos pessoais.
   e) Cartas pessoais anteriores ao século XIX são consideradas ficção e são de pouco interesse para a história.

5. Correspondências pessoais podem se configurar como ricos acervos para a pesquisa. Sobre esse tipo de acervo documental, assinale a alternativa **incorreta**:
   a) A correspondência pode combinar, com grande facilidade, o que vem do cotidiano/ordinário e o que vem do maravilhoso/extraordinário.
   b) Como mantêm certa padronização, as cartas têm pouco valor histórico. Por isso, antigamente eram vistas como documentos problemáticos tanto para a Escola Metódica como para a Escola dos Annales.
   c) A carta é, segundo o historiador Renato Lemos (2004), uma produção textual para um destinatário restrito.

d) A riqueza desse tipo de documentação está na transmissão das singularidades individuais.
e) A carta pessoal, mesmo se configurando como um veículo de comunicação individual e restrito, revela diversos elementos do contexto histórico, os quais são privilegiados pelos historiadores.

Atividades de aprendizagem

Questões para reflexão

1. O debate sobre a relação entre história e memória é essencial para qualquer pesquisador. Na história oral, uma possibilidade de abordagem para esse debate, o papel do entrevistador consiste em filtrar as informações apresentadas pelo entrevistado. Para esta atividade, pedimos que você acesse o banco de dados das entrevistas do *site* do Centro de Pesquisa e Documentação de História Contemporânea do Brasil da Fundação Getulio Vargas (CPDOC/FGV) e selecione dois desses documentos. Observe e descreva os aspectos formais de uma transcrição de uma entrevista. Após isso, determine em que contextos as entrevistas foram realizadas e como os entrevistadores abordaram as temáticas. Estabeleça, em seguida, um quadro comparativo entre os dois exemplos escolhidos.

CPDOC – Centro de Pesquisa e Documentação de História Contemporânea do Brasil; FGV – Fundação Getulio Vargas. **Entrevistas do Programa de História Oral**: entrevistas para download. Disponível em: <https://cpdoc.fgv.br/acervo/historiaoral/entrevistas>. Acesso em: 18 jun. 2020.

2. O acervo presente no Laboratório de História Oral e Imagem da Universidade Federal Fluminense (UFF) permite o acesso a um interessante acervo de memória e música negra. Acesse esse arquivo digital e analise como os dados foram organizados nas chamadas *fichas de decupagem*. Que elementos são elencados nesses documentos de referência? Selecione um tema e relacione a ficha ao material disponibilizado em vídeo.

UFF – Universidade Federal Fluminense. Laboratório de História Oral e Imagem. **Memória e música negra**: Acervo UFF Petrobras Cultural. Disponível em: <http://www.labhoi.uff.br/?q=acervo/jongos>. Acesso em: 18 jun. 2020.

Atividade aplicada: prática

1. No *site* do Arquivo Nacional, o projeto Memórias Reveladas conta com um importante acervo sobre o período da Ditadura Militar no Brasil. Na seção "Áudios", diversos depoimentos estão disponíveis. Acesse o endereço indicado a seguir para ouvir um dos arquivos de áudio e elabore, em seguida, um pequeno texto considerando como esse tipo de arquivo foi disponibilizado nesse projeto. Você acredita que esse tipo de suporte seja relevante para a difusão de arquivos? Argumente justificando sua resposta.

BRASIL. Ministério da Justiça e Segurança Pública. Arquivo Nacional. Memórias Reveladas. **Áudios**. Disponível em: <http://www.memoriasreveladas.gov.br/index.php/audios>. Acesso em: 18 jun. 2020.

Considerações finais

O arquivo é um espaço dinâmico de extrema relevância social, abrigando documentos públicos ou privados, de empresas ou até mesmo pessoais. Por isso, ele é essencial para contextualizar e entender determinados momentos da história. Os documentos mantidos sob sua custódia, bem como as decisões sobre o que deve ser preservado ou não, revelam inúmeros aspectos das sociedades em que tais objetos foram produzidos.

É fundamental notar também que a organização e disposição dos acervos têm uma lógica interna, complexa e baseada em preceitos de gestão documental. Trata-se de uma tarefa que envolve muita responsabilidade. Será que futuramente os pesquisadores terão interesse em conhecer ou problematizar aspectos cujos vestígios foram descartados no presente? Toda justificativa para o descarte de tais documentos é baseada nessa noção de relevância.

Sob essa perspectiva, percebemos como a noção de documento, ampliada desde o início do século XX, continua sendo um desafio para a pesquisa. A natureza dos documentos, seus suportes e a forma como são preservados são temas que propiciam constantes debates na área da história.

Em diversos momentos, o aparecimento de uma nova tecnologia provocou a sensação de superação definitiva da anterior. Nesse sentido, a informática, a internet e todo o universo digital, em um primeiro momento, também provocaram essa sensação nas sociedades. Entretanto, como afirma Robert Darnton (2010), historiador estadunidense especializado na história do livro e da leitura, a humanidade conta com livros com mais de 300 anos de existência. Assim, cabe questionar: Teremos computadores capazes de fornecer todas as informações que o papel, mesmo arcaico e com todas as suas limitações, consegue prover depois de tantos anos de história?

Ainda que tais questões devam ser levantadas, é inegável a necessidade da adoção de um novo comportamento por parte dos pesquisadores. O compartilhamento de fontes é algo inevitável no momento atual. Nesse contexto, a possibilidade de acesso a determinados documentos e as atuais facilidades para sua reprodução permitem a multiplicação e a difusão em larga escala de informações.

Dessa forma, pesquisas hipertextuais se revelam como alternativas que não devem ser descartadas. Um acervo, quando é digitalizado e compartilhado, garante sua sobrevida. Sob essa ótica, recentes catástrofes em locais de memória indicam como essa disseminação é importante: quanto mais documentos são reproduzidos, mais se consegue assegurar a preservação da história.

Com este livro, buscamos discutir essas e outras questões e problematizar aspectos que são essenciais para a pesquisa e o trabalho em torno do avanço do conhecimento histórico. Esperamos que, ao finalizar sua leitura, você tenha adquirido mais interesse em conhecer o arquivo de sua cidade e/ou de seu estado e que, ao visitar uma instituição arquivística, você entenda melhor sua constituição e seu funcionamento com base nas considerações aqui problematizadas, comparando-as com as normas e as realidades encontradas nessas instituições.

Por fim, desejamos que a leitura tenha estimulado também o interesse pelo acesso a diversos *sites* e plataformas em que podemos buscar o conhecimento relacionado à arquivologia.

Lista de siglas

AAB – Associação dos Arquivistas Brasileiros

ABEBD – Associação Brasileira de Ensino de Biblioteconomia e Documentação

Abecin – Associação Brasileira de Educação em Ciência da Informação

Abin – Agência Brasileira de Inteligência

ABL – Academia Brasileira de Letras

ACGRJ – Arquivo Geral da Cidade do Rio de Janeiro

ADI – Ação Direta de Inconstitucionalidade

AHEx – Arquivo Histórico do Exército

ALN – Aliança Libertadora Nacional

BIB – Busca Integrada de Bibliografia

Cendoc – Centro de Documentação da Aeronáutica

CGI – Conselho Geral de Investigações

CIA – Central Intelligence Agency

CNH – Carteira Nacional de Habilitação

CNV – Comissão Nacional da Verdade

Codearq – Cadastro Nacional de Entidades Custodiadoras de Acervos Arquivísticos

Coluso – Comissão Luso-Brasileira para Salvaguarda e Divulgação do Patrimônio Documental

Conarq – Conselho Nacional de Arquivos

CPDOC – Centro de Pesquisa e Documentação de História Contemporânea do Brasil

CPF – Cadastro de Pessoa Física

CSN – Conselho de Segurança Nacional

CTCRH – Câmara Técnica de Capacitação de Recursos Humanos

CTDAISM – Câmara Técnica de Documentos Audiovisuais, Iconográficos, Sonoros e Musicais

CTDE – Câmara Técnica de Documentos Eletrônicos

CTGD – Câmara Técnica de Gestão de Documentos

CTNDA – Câmara Técnica de Normalização da Descrição Arquivística

CTPAD – Câmara Técnica de Paleografia e Diplomática

CTPD – Câmara Técnica de Preservação de Documentos

DOPS/PR – Delegacia de Ordem Política e Social do Paraná

DPHDM – Diretoria do Patrimônio Histórico e Documentação da Marinha

DUA – Declaração Universal sobre os Arquivos

DVD – *Digital Versatile Disc*

FBI – Federal Bureau of Investigation

FEB – Força Expedicionária Brasileira

FGV – Fundação Getulio Vargas

FTP – *File Transfer Protocol*

GED – Gerenciamento Eletrônico de Documentos

HMC – Historical Manuscripts Commission

HMSO – Her Majesty's Stationery Office

IBICT – Instituto Brasileiro de Informação em Ciência e Tecnologia

ICA – International Council on Archives

Iccrom – International Centre for the Study of the Preservation and Restoration of Cultural Property

IHGB – Instituto Histórico e Geográfico Brasileiro

IMS – Instituto Moreira Salles

Iphan – Instituto do Patrimônio Histórico e Artístico Nacional

IRPH – Instituto Rio Patrimônio da Humanidade

LAI – Lei de Acesso à Informação

LGPD – Lei Geral de Proteção de Dados

Nara – National Archives and Records Administration

Nasa – National Aeronautics and Space Administration

OAIS – *Open Archive Information Systems*

OCR – *Optical Character Recognition*

OM – Organização Militar

ONU – Organização das Nações Unidas

OPSI – Office of Public Sector Information

PAP – Programa de Arquivos Pessoais

PRO – Public Record Office

RG – Registro Geral

SAAI – Sistema Aberto para Arquivamento de Informação

SciELO – *Scientific Electronic Library Online*

Sian – Sistema de Informações do Arquivo Nacional

Sigad – Sistema Informatizado de Gestão Arquivística de Documentos

SNI – Serviço Nacional de Informações

SPHAN – Serviço de Patrimônio Histórico e Artístico Nacional

STF – Supremo Tribunal Federal

UERJ – Universidade Estadual do Rio de Janeiro

UFPA – Universidade Federal do Pará

UFPR – Universidade Federal do Paraná

UFRJ – Universidade Federal do Rio de Janeiro

UFSM – Universidade Federal de Santa Maria

Unesco – Organização das Nações Unidas para a Educação, a Ciência e a Cultura

Unicamp – Universidade Estadual de Campinas

URSS – União das Repúblicas Socialistas Soviéticas

VHS – *Video Home System*

Referências

ANÁLISE dos elementos materiais produzidos em função da morte de Carlos Marighella, solicitado por meio do Ofício n. 156/2012 – Comissão Nacional da Verdade – CNV, pelo membro da Comissão Dr. Cláudio Lemos Fonteles. Brasília, out. 2012. Disponível em: <http://cnv.memoriasreveladas.gov.br/images/pdf/laudos/analise_carlos_marighella.pdf>. Acesso em: 18 jun. 2020.

ARAÚJO, P. C. **O réu e o rei**: minha história com Roberto Carlos em detalhes. São Paulo: Companhia das Letras, 2014.

ARELLANO, M. A. M. **Critérios para a preservação digital da informação científica**. 356 f. Tese (Doutorado em Ciência da Informação) – Universidade de Brasília, Brasília, 2008. Disponível em: <https://repositorio.unb.br/handle/10482/1518>. Acesso em: 18 jun. 2020.

ARELLANO, M. A. M.; ANDRADE, R. S. Preservação digital e os profissionais da informação. **DataGramaZero: Revista de Ciência da Informação**, v. 7, n. 5, out. 2006. Disponível em: <http://repositorio.ibict.br/bitstream/123456789/259/1/MIGUELDgz2006.pdf>. Acesso em: 18 jun. 2020.

ARIÈS, P.; DUBY, G. **História da vida privada**. São Paulo: Companhia das Letras, 2009.

ARIÈS, P.; DUBY, G. **História da vida privada 4**: da Revolução Francesa à Primeira Guerra. São Paulo: Companhia das Letras, 2010.

ARQUIVO PÚBLICO DO ESTADO. **Eliminação de documentos gera economia para órgãos do Estado**, 28 jan. 2019. Disponível em: <https://www.saopaulo.sp.gov.br/sala-de-imprensa/release/eliminacao-de-documentos-gera-economia-para-orgaos-do-estado/>. Acesso em 18 jun. 2020.

ASSANGE, J. **Cyberphunks**: liberdade e o futuro da internet. São Paulo: Boitempo, 2013.

ATLAS DIGITAL DA AMÉRICA LUSA. **Mapa digital**. Disponível em: <http://lhs.unb.br/atlas/Mapa_Digital>. Acesso em: 18 jun. 2020a.

ATLAS digital da América Lusa. **Santos sete Mártires da Ordem dos Menores Daniel, Samuel, Angelo, Dómno, Leão, Nicoláo e Hugolino**. Disponível em: <http://lhs.unb.br/atlas/Santos_sete_M%C3%A1rtires_da_Ordem_dos_Menores_Daniel,_Samuel,_Angelo,_D%C3%B3mno,_Le%C3%A3o,_Nicol%C3%A1o_e_Hugolino>. Acesso em: 18 jun. 2020b.

AVEDON, D. M. **GED de A a Z**: tudo sobre gerenciamento eletrônico de documentos. São Paulo: Cenadem, 2002.

BARRETO FILHO, H. Berço da umbanda é destruído em São Gonçalo. **Extra**, 4 out. 2011. Disponível em: <https://extra.globo.com/noticias/religiao-e-fe/berco-da-umbanda-destruido-em-sao-goncalo-2716043.html>. Acesso em: 18 jun. 2020.

BARROSO, P. A. L. **Repositórios digitais**: histórico e características. 51 f. Trabalho de Conclusão de Curso (Graduação em Arquivologia) – Universidade Estadual da Paraíba, João Pessoa, 2017.

BASTOS, D. de M. **Arquivos do Brasil:** Memória do Mundo. Rio de Janeiro: Arquivo Nacional, 2013.

BELLOTTO, H. L. **Arquivos permanentes:** tratamento documental. Rio de Janeiro: FGV, 2007.

BLOCH, M. **Apologia da história, ou o ofício do historiador.** Rio de Janeiro: J. Zahar, 2001.

BORGES, V. P. **Em busca de Gabrielle:** séculos XIX e XX. São Paulo: Alameda, 2009.

BRASIL. Arquivo Nacional. MoW Unesco: apresentação. Disponível em: <http://mow.arquivonacional.gov.br/index.php/2015-03-20-10-44-04/apresentacao.html>. Acesso em: 18 jun. 2020a.

BRASIL. Arquivo Nacional. **Dicionário brasileiro de terminologia arquivística.** Rio de Janeiro, 2005a. Disponível em: <http://www.arquivonacional.gov.br/images/pdf/Dicion_Term_Arquiv.pdf>. Acesso em: 18 jun. 2020.

BRASIL. Arquivo Nacional. **Gestão de documentos:** curso de capacitação para os integrantes do Sistema de Gestão de Documentos de Arquivo – SIGA, da administração pública federal. 2. ed. rev. e ampl. Rio de Janeiro, 2019a. (Publicações Técnicas, n. 55). Disponível em: <http://www.arquivonacional.gov.br/images/COGED/apostila_completa_2019_06.pdf>. Acesso em: 18 jun. 2020.

BRASIL. Arquivo Nacional. **Memória do Mundo:** um programa pela preservação do patrimônio documental. 2018a. Disponível em: <http://mow.arquivonacional.gov.br/images/pdf/Oficina-MoW-2018_v.18062018.pdf>. Acesso em: 18 jun. 2020.

BRASIL. Comissão Nacional da Verdade. **Relatório.** Brasília, 2014. v. 1. Disponível em: <http://www.memoriasreveladas.gov.br/administrator/components/com_simplefilemanager/uploads/CNV/relat%C3%B3rio%20cnv%20volume_1_digital.pdf>. Acesso em: 18 jun. 2020.

BRASIL. Conselho Nacional de Arquivos. Câmara Técnica de Documentos Eletrônicos. **e-ARQ Brasil**: Modelo de Requisitos para Sistemas Informatizados de Gestão Arquivística de Documentos. Rio de Janeiro: Arquivo Nacional, 2011a. Disponível em: <http://www.siga.arquivonacional.gov.br/images/publicacoes/e-arq.pdf>. Acesso em: 18 jun. 2020.

BRASIL. Conselho Nacional de Arquivos. Câmara Técnica de Documentos Eletrônicos. **Carta para a Preservação do Patrimônio Arquivístico Digital**. Rio de Janeiro, 2005b. Disponível em: <http://conarq.arquivonacional.gov.br/images/publicacoes_textos/Carta_preservacao.pdf>. Acesso em: 30 mar. 2020.

BRASIL. Conselho Nacional de Arquivos. **O arquivo público municipal**. Disponível em: <http://conarq.gov.br/o-arquivo-publico-municipal.html>. Acesso em: 18 jun. 2020b.

BRASIL. Conselho Nacional de Arquivos. **Recomendações para a produção e o armazenamento de documentos de arquivo**. Rio de Janeiro, 2005c. Disponível em: <http://conarq.gov.br/images/publicacoes_textos/recomendaes_para_a_produo.pdf>. Acesso em: 18 jun. 2020.

BRASIL. Conselho Nacional de Arquivos. Resolução n. 12, de 7 de dezembro de 1999. **Diário Oficial da União**, Brasília, DF, 31 jan. 2000. Disponível em: <http://conarq.gov.br/resolucoes-do-conarq/254-resolucao-n-12,-de-7-de-dezembro-de-1999.html>. Acesso em: 18 jun. 2020.

BRASIL. Conselho Nacional de Justiça. Recomendação n. 37, de 15 de agosto de 2011. Diário da Justiça Eletrônico, 17 ago. 2011b. Disponível em: <https://atos.cnj.jus.br/atos/detalhar/846>. Acesso em: 18 jun. 2020.

BRASIL. Constituição (1988). **Diário Oficial da União**, Brasília, DF, 5 out. 1988. Disponível em: <http://www.planalto.gov.br/ccivil_03/Constituicao/Constituicao.htm>. Acesso em: 18 jun. 2020.

BRASIL. Controladoria-Geral da União. Secretaria de Prevenção da Corrupção e Informações Estratégicas. **Manual da Lei de Acesso à Informação para Estados e Municípios**. Brasília, 2013. Disponível em: <http://acessoainformacao.talisma.to.gov.br/res/docs/manual_lai_estadosmunicipios.pdf>. Acesso em: 18 jun. 2020.

BRASIL. Decreto-Lei n. 2.848, de 7 de dezembro de 1940. **Diário Oficial da União**, Poder Executivo, Brasília, DF, 31 dez. 1940. Disponível em: <http://www.planalto.gov.br/ccivil_03/decreto-lei/del2848compilado.htm>. Acesso em: 18 jun. 2020.

BRASIL. Decreto n. 15.596, de 2 de agosto de 1922. **Diário Oficial da União**, Poder Executivo, Rio de Janeiro, 16 ago. 1922. Disponível em: <https://www2.camara.leg.br/legin/fed/decret/1920-1929/ decreto-15596-2-agosto-1922-568204-publicacaooriginal-91597-pe.html>. Acesso em: 18 jun. 2020.

BRASIL. Decreto n. 2.942, de 18 de janeiro de 1999. **Diário Oficial da União**, Poder Executivo, Brasília, DF, 19 jan. 1999. Disponível em: <http://www.planalto.gov.br/ccivil_03/decreto/D2942.htm>. Acesso em: 18 jun. 2020.

BRASIL. Decreto n. 9.690, de 23 de janeiro de 2019. **Diário Oficial da União**, Poder Executivo, Brasília, DF, 24 jan. 2019a. Disponível em: <http://www.planalto.gov.br/ccivil_03/_ato2019-2022/2019/decreto/D9690.htm>. Acesso em: 18 jun. 2020.

BRASIL. Departamento de Educação e Cultura do Exército. Arquivo Histórico do Exército. Diretoria do Patrimônio Histórico e Cultural do Exército. **Síntese histórica**. Disponível em: <http://www.ahex.eb.mil.br/historico>. Acesso em: 8 abr. 2020c.

BRASIL. **Lei de Acesso à Informação (LAI)**. Disponível em: <http://www.acessoainformacao.gov.br/>. Acesso em: 18 jun. 2020.

BRASIL. Lei n. 378, de 13 de janeiro de 1937. **Diário Oficial da União**, Poder Executivo, Brasília, DF, 15 jan. 1937. Disponível em: <http://www.planalto.gov.br/ccivil_03/leis/1930-1949/L0378.htm>. Acesso em: 18 jun. 2020.

BRASIL. Lei n. 6.546, de 4 de julho de 1978. **Diário Oficial da União**, Poder Executivo, Brasília, DF, 5 jul. 1978. Disponível em: <http://www.planalto.gov.br/ccivil_03/LEIS/1970-1979/L6546.htm>. Acesso em: 18 jun. 2020.

BRASIL. Lei n. 8.159, de 8 de janeiro de 1991. **Diário Oficial da União**, Poder Legislativo, Brasília, DF, 9 jan. 1991. Disponível em: <http://www.planalto.gov.br/ccivil_03/LEIS/L8159.htm>. Acesso em: 18 jun. 2020.

BRASIL. Lei n. 10.406, de 20 de janeiro de 2002. **Diário Oficial da União**, Poder Legislativo, Brasília, DF, 11 jan. 2002. Disponível em: <http://www.planalto.gov.br/ccivil_03/leis/2002/l10406.htm>. Acesso em: 18 jun. 2020.

BRASIL. Lei n. 12.527, de 18 de novembro de 2011. **Diário Oficial da União**, Poder Legislativo, Brasília, DF, 5 jul. 2011c. Disponível em: <http://www.planalto.gov.br/ccivil_03/_ato2011-2014/2011/lei/l12527.htm>. Acesso em: 18 jun. 2020.

BRASIL. Lei n. 12.528, de 18 de novembro de 2011. **Diário Oficial da União**, Poder Executivo, Brasília, DF, 18 nov. 2011d. Disponível em: <http://www.planalto.gov.br/ccivil_03/_Ato2011-2014/2011/Lei/L12528.htm>. Acesso em: 18 jun. 2020.

BRASIL. Lei n. 13.709, de 14 de agosto de 2018. **Diário Oficial da União**, Poder Executivo, Brasília, DF, 15 ago. 2018b. Disponível em: <http://www.planalto.gov.br/ccivil_03_ato2015-2018/2018/lei/L13709.htm>. Acesso em: 18 jun. 2020.

BRASIL. Ministério da Ciência, Tecnologia, Inovações e Comunicações. Instituto Brasileiro de Informação em Ciência e Tecnologia. **Repositórios digitais**. 23 out. 2018c. Disponível em: <http://www.ibict.br/informacao-para-a-pesquisa/repositorios-digitais>. Acesso em: 18 jun. 2020.

BRASIL. Ministério da Cultura. Portaria n. 61, de 31 de outubro de 2007. **Diário Oficial da União**, Poder Executivo, Brasília, DF, 5 nov. 2007. Disponível em: <http://mow.arquivonacional.gov.br/images/pdf/PortariaMinC61_regulamentoMOWBrasil.pdf>. Acesso em: 18 jun. 2020.

BRASIL. Ministério da Justiça e Segurança Pública. Conselho Nacional de Arquivos. **Declaração de interesse público e social**. 24 abr. 2019c. Disponível em: <http://conarq.gov.br/declaracao.html>. Acesso em: 18 jun. 2020.

BRASIL. Ministério do Esporte. Secretaria Executiva. Portaria n. 273, de 18 de dezembro de 2017. **Diário Oficial da União**, Poder Executivo, 21 dez. 2017. Disponível em: <http://www.in.gov.br/materia/-/asset_publisher/Kujrw0TZC2Mb/content/id/1227887/do1-2017-12-21-portaria-n-273-de-18-de-dezembro-de-2017-1227883-1227883>. Acesso em: 18 jun. 2020.

BRASIL. Senado Federal. **Documentos sigilosos:** acesso e direito à informação. Brasília, 2012.

BRASIL. Supremo Tribunal Federal. STF afasta exigência prévia de autorização para biografias. **Notícias STF**, 10 jun. 2015. Disponível em: <http://www.stf.jus.br/portal/cms/verNoticiaDetalhe.asp?idConteudo=293336>. Acesso em: 18 jun. 2020.

CALVINO, I. **Seis propostas para o próximo milênio.** São Paulo: Companhia das Letras, 1990.

CAMACHO, K. Novo laudo afirma que documentos da ditadura foram queimados na Base Aérea de Salvador. **Agência Brasil**, 7 nov. 2005. Disponível em: <http://memoria.ebc.com.br/agenciabrasil/noticia/2005-11-07/novo-laudo-afirma-que-documentos-da-ditadura-foram-queimados-na-base-aerea-de-salvador>. Acesso em: 18 jun. 2020.

CAMPOS, E. (Org.). **Sociologia da burocracia.** Rio de Janeiro: Zahar, 1966.

CAMPOS, J. F. G. **Arquivos pessoais:** experiências, reflexões, perspectivas. São Paulo: Associação dos Arquivistas de São Paulo, 2017.

CARENA, C. Ruína/Restauro. In: **Enciclopédia Einaudi.** v 17: Literatura/Texto. Lisboa: Imprensa Nacional-Casa da Moeda, 1989.

CARLI, D. T.; FACHIN, G. R. B. A Lei de Acesso à Informação e a gestão de documentos **Biblios**, n. 66, p. 47-59, mar. 2017. Disponível em: <http://www.scielo.org.pe/scielo.php?script=sci_arttext&pid=S1562-47302017000100005>. Acesso em: 18 jun. 2020.

CARTA de Pêro Vaz de Caminha. 1º maio 1500. Disponível em: <https://digitarq.arquivos.pt/viewer?id=4185836>. Acesso em: 18 jun. 2020.

CASA Kozák será reformada e ampliada. **Portal de Notícias da Prefeitura Municipal de Curitiba**, 20 out. 2015. Disponível em: <https://www.curitiba.pr.gov.br/noticias/casa-kozak-sera-re formada-e-ampliada/37929>. Acesso em: 18 jun. 2020.

CASSARES, N. C. **Como fazer conservação preventiva em arquivos e bibliotecas**. São Paulo: Arquivo do Estado/ Imprensa Oficial, 2000. (Projeto Como fazer, v. 5). Disponível em: <http://www.arqsp.org.br/arquivos/oficinas_colecao_como_fazer/cf5.pdf>. Acesso em: 18 jun. 2020.

CASTRO, C. **Pesquisando em arquivos**. Rio de Janeiro: J. Zahar, 2008.

CIPO – Centro de Informação e Pesquisa Informacional. Arquivista. **Arquivos Brasileiros de Psicologia, Rio de Janeiro**, v. 32, n. 3, p. 187-193, 1980. Disponível em: <http://bibliotecadigital.fgv.br/ojs/index.php/abp/article/viewFile/18407/17160>. Acesso em: 18 jun. 2020.

CHAMBOULEYRON, R. Escravos do Atlântico equatorial: tráfico negreiro para o Estado do Maranhão e Pará (século XVII e início do século XVIII). **Revista Brasileira de História**, São Paulo, v. 26, n. 52, p. 79-114, dez. 2006. Disponível em: <http://www.scielo.br/pdf/rbh/v26n52/a05v2652.pdf>. Acesso em: 18 jun. 2020.

CPDOC – Centro de Pesquisa e Documentação de História Contemporânea do Brasil; FGV – Fundação Getulio Vargas. **Álbum de fotos**: Vargas – para além da vida. Disponível em: <https://cpdoc.fgv.br/producao/dossies/AEraVargas2/album>. Acesso em: 18 jun. 2020a.

CPDOC – Centro de Pesquisa e Documentação de História Contemporânea do Brasil; FGV – Fundação Getulio Vargas. **Programa de arquivos pessoais.** Disponível em: <https://cpdoc.fgv.br/acervo/arquivospessoais/programa>. Acesso em: 18 jun. 2020b.

DARNTON, R. **A questão dos livros**: passado, presente, futuro. São Paulo: Companhia das Letras, 2010.

DARNTON, R. Robert Darnton, um autor entre o passado e o futuro. **GaúchaZH**, 28 ago. 2016. Disponível em: <https://gauchazh.clicrbs.com.br/porto-alegre/noticia/2016/08/robert-darnton-um-autor-entre-o-passado-e-o-futuro-7335504.html>. Acesso em: 18 jun. 2020.

DECLARAÇÃO Universal sobre os Arquivos. 2010. Disponível em: <http://arquivomunicipal.cm-lisboa.pt/pt/arquivo/declaracao-universal>. Acesso em: 18 jun. 2020.

DIAS, T. Casa onde foi fundada a umbanda, em São Gonçalo, será demolida esta semana. **Extra**, 2 out. 2011. Disponível em: <https://extra.globo.com/noticias/religiao-e-fe/casa-onde-foi-fundada-umbanda-em-sao-goncalo-sera-demolida-esta-semana-2682118.html>. Acesso em: 18 jun. 2020.

DIOCESE DE CAXIAS DO SUL. **Certidões**: registro de batismo para cidadania. Disponível em: <http://www.diocesedecaxias.org.br/certidoes/registro-de-batismo>. Acesso em: 18 jun. 2020.

EDMONSON, R. **Arquivística audiovisual**: filosofia e princípios. Brasília: Unesco, 2017. Disponível em: <https://unesdoc.unesco.org/ark:/48223/pf0000259258>. Acesso em: 18 jun. 2020.

ESTEVÃO, S. N. M.; FONSECA, V. M. M. A França e o Arquivo Nacional do Brasil. **Revista Acervo**, Rio de Janeiro, v. 23, n. 1, p. 81-108, jan./jun. 2010. Disponível em: <http://revista.arquivonacional.gov.br/index.php/revistaacervo/article/view/42/42>. Acesso em: 18 jun. 2020.

FARGE, A. **O sabor do arquivo**. São Paulo: Edusp, 2009.

FERREIRA, C. A.; RODRIGUES, R. T. Jane Austen: uma leitura de *Becoming Jane* (2007). **Anuário de Literatura**, Florianópolis, v. 23, n. 1, p. 11-30, 2018. Disponível em: <https://periodicos.ufsc.br/index.php/literatura/article/view/2175-7917.2018v23n1p11/36261>. Acesso em: 18 jun. 2020.

FERREIRA, R. C.; KONRAD, G. V. R. O ensino de Arquivologia no Brasil: o caso dos cursos de Arquivologia do RS. **Biblos: Revista do Instituto de Ciências Humanas e da Informação**, v. 28, n. 3, p. 128-152, 2014. Disponível em: <https://periodicos.furg.br/biblos/article/download/5358/3521>. Acesso em: 18 jun. 2020.

FONSECA, R. Corações solitários. In: FONSECA, R. **Contos reunidos**. São Paulo: Companhia das Letras, 1994. p. 372-385.

FORMENTON, D. **Identificação de padrões de metadados para preservação digital**. 103 f. Dissertação (Mestrado em Ciência, Tecnologia e Sociedade) – Universidade Federal de São Carlos, São Carlos, 2015. Disponível em: <https://repositorio.ufscar.br/bitstream/handle/ufscar/7221/DissDF.pdf?sequence=1%3E>. Acesso em: 18 jun. 2020.

GASS, W. A arte do self. **Folha de S.Paulo**, 21 ago. 1994. p. 6. Disponível em: <https://www1.folha.uol.com.br/fsp/1994/8/21/mais!/5.html>. Acesso em: 18 jun. 2020.

GASTAUD, C. Escrever cartas: as materialidades das correspondências. In: SIMPÓSIO NACIONAL DE HISTÓRIA, 26., 2011, São Paulo. Disponível em: <http://www.snh2011.anpuh.org/resources/anais/14/1300661162_ARQUIVO_materialidadesdascartasANPUH2011b.pdf>. Acesso em: 18 jun. 2020.

GOMES, A. de C. (Org.). **Escrita de si, escrita da história.** Rio de Janeiro: Ed. da FGV, 2004.

GOMES, A. de C. Nas malhas do feitiço: o historiador e os encantos dos arquivos privados. **Estudos Históricos**, Rio de Janeiro, v. 11, n. 21, p. 121-127, 1998. Disponível em: <http://bibliotecadigital.fgv.br/ojs/index.php/reh/article/download/2069/1208>. Acesso em: 18 jun. 2020.

HARTOG, F. Tempo e patrimônio. **Varia Historia**, Belo Horizonte, v. 22, n. 36, p. 261-273, jul./dez. 2006. Disponível em: <http://www.scielo.br/pdf/vh/v22n36/v22n36a02.pdf>. Acesso em: 18 jun. 2020.

HERRERA, A. H. **Archivistica general**: teoria y practica. Sevilha: Diputación Provincial de Sevilla, 1991.

HEYMANN, L. **De "arquivo pessoal" a "patrimônio nacional"**: reflexões acerca da produção de legados. Rio de Janeiro: CPDOC, 2005. Disponível em: <http://bibliotecadigital.fgv.br/dspace/handle/10438/6758>. Acesso em: 18 jun. 2020.

HOBSBAWM, E. **Era dos extremos**: o breve século XX – 1914-1991. São Paulo: Companhia das Letras, 1995.

HORA, S. R. A.; SATURNINO, L. P. T.; SANTOS, E. C. dos. **A evolução do arquivo e da arquivologia na perspectiva da história.** 26 fev. 2010. Disponível em: <https://www.webartigos.com/artigos/a-evolucao-do-arquivo-e-da-arquivologia-na-perspectiva-da-Historia/33326/>. Acesso em: 18 jun. 2020.

HORSMAN, P. Adestrando o elefante: uma abordagem ortodoxa do princípio de proveniência. **Revista Ibero-Americana de Ciência da Informação**, Brasília, v. 10, n. 2, p. 443-454, jul./dez. 2017. Disponível em: <http://periodicos.unb.br/index.php/RICI/article/view/2567>. Acesso em: 18 jun. 2020.

IBRAM – Instituto Brasileiro de Museus; ICOM Brasil – International Council of Museums; ICCROM – International Centre for the Study of the Preservation and Restoration of Cultural Property. **Declaração Rio de Janeiro sobre Redução do Risco de Incêndio no Patrimônio Cultural**. 2019. Disponível em: <https://www.iccrom.org/sites/default/files/2020-01/declaracaoriojaneiro.pdf>. Acesso em: 18 jun. 2020.

INVERNIZZI, G. Queima de processos antigos pode ser ameaça à história. **Consultor Jurídico**, 2 nov. 2007. Disponível em: <https://www.conjur.com.br/2007-nov-02/queima_processos_antigos_ameaca_historia>. Acesso em: 18 jun. 2020.

IPS – Inter Press Service. **Governo**: documentos da Guerra do Paraguai ainda sob sigilo. 2 fev. 2005. Disponível em: <http://www.ipsnoticias.net/portuguese/2005/02/mundo/governo-documentos-da-guerra-do-paraguai-ainda-sob-sigilo/>. Acesso em: 18 jun. 2020.

LACOMBE, A. J.; SILVA, E.; BARBOSA, F. de A. **Rui Barbosa e a queima dos arquivos**. Rio de Janeiro: Casa de Rui Barbosa, 1988.

LANGLOIS, C.-V. La Science des Archives. **Revue Internationale des Archives, des Bibliothèques et des Musées**, Paris, v. 1, n. 1, p. 7-25, 1895.

LE GOFF, J. **História e memória**. Campinas: Ed. da Unicamp, 1990.

LEMOS, R. **Bem traçadas linhas**: a história do Brasil em cartas pessoais. Rio de Janeiro: Bom Texto, 2004.

LOUSADA, M. **A mediação da informação na teoria arquivística**. São Paulo: Cultura Acadêmica, 2017. v. 1.

LUCA, T. R. de. História dos, nos e por meio dos periódicos. In: PINSKY, C. B. (Org.). **Fontes históricas**. São Paulo: Contexto, 2006. p. 111-153.

LUZ, C. **Primitivos digitais**: uma abordagem arquivística. Salvador: Ed. 9 Bravos, 2015.

MACHADO DE ASSIS, J. M. **Memorial de Aires**. 4. ed. São Paulo: Ática, 1985. (Bom Livro).

MAESTRI, M. A lei do silêncio: história e mitos da imigração ítalo-gaúcha. **Portal La Insignia**, 17 maio 2001. Disponível em: <https://www.lainsignia.org/2001/mayo/cul_064.htm>. Acesso em: 18 jun. 2020.

MARQUES, A. A. C.; RODRIGUES, G. M.; NOUGARET, C. Arquivos e arquivologia na França e no Brasil: marcos históricos e contextos singulares. **Revista Brasileira de História**, São Paulo, v. 38, n. 78, p. 17-28, 2018. Disponível em: <http://www.scielo.br/pdf/rbh/v38n78/1806-9347-rbh-1806-93472018v38n78-01.pdf>. Acesso em: 18 jun. 2020.

MARTINS, M. A. Livros de cemitérios se deterioram em sala na garagem do Arquivo Geral da Prefeitura. **G1**, 27 abr. 2017. Disponível em: <https://g1.globo.com/rio-de-janeiro/noticia/livros-de-cemiterios-se-deterioram-em-sala-na-garagem-do-arquivo-geral-da-prefeitura.ghtml>. Acesso em: 18 jun. 2020.

MENDES, M. C. F. **A figura feminina em construção na literatura**: repensando a ficção em *Capitães de Abril*. Dissertação (Mestrado em Letras) – Universidade Federal Fluminense, Niterói, 2007.

MIRANDA, E. C. **Arquivologia para concursos**: teoria, questões gabaritadas e comentadas. Brasília: Vestcon, 2009.

MONTEIRO, P. de M. (Org.). **Mário de Andrade e Sérgio Buarque de Holanda**: correspondência. São Paulo: Companhia das Letras, 2012.

MOTTA, M. M. M. **Nas fronteiras do poder**: conflito e direito à terra no Brasil do século XIX. Rio de Janeiro: Arquivo Público do Estado do Rio de Janeiro, 1998.

MUSEU VIRTUAL DE INFORMÁTICA. **Séculos A.C.** Disponível em: <http://piano.dsi.uminho.pt/museuv/ac_turuk.html>. Acesso em: 18 jun. 2020.

NORA, P. Entre memória e história: a problemática dos lugares. **Projeto História**, São Paulo, n. 10, p. 7-28, dez. 1993. Disponível em: <https://revistas.pucsp.br/revph/article/view/12101/8763>. Acesso em: 18 jun. 2020.

OCHABA, S. **1983**: Stern publica 'diários de Hitler'. Disponível em: <https://www.dw.com/pt-br/1983-stern-publica-di%C3%A1rios-de-hitler/a-800973>. Acesso em: 18 jun. 2020.

PACHECO, G. P. "Explicarei breve em uma carta mais minuciosa": Sérgio Buarque de Holanda correspondente de Mário de Andrade (1922-1926). **Revista Claraboia**, Jacarezinho, v. 9, p. 129-139, jan./jun. 2018. Disponível em: <http://seer.uenp.edu.br/index.php/claraboia/article/view/999/pdf>. Acesso em: 18 jun. 2020.

PAES, M. L. **Arquivo**: teoria e prática. 3. ed. Rio de Janeiro: FGV, 2007.

PARANÁ. Arquivo Público. Disponível em: <http://www.arquivopublico.pr.gov.br/>. Acesso em: 18 jun. 2020.

PEREIRA, L. C. S. **A Reforma Protestante e a origem da escola pública**. 2013. Disponível em <https://psicologado.com.br/atuacao/psicologia-escolar/a-reforma-protestante-e-a-origem-da-escola-publica>. Acesso em: 18 jun. 2020.

PEREIRA, E. C.; SILVA, S. F. da. **Gestão da informação arquivística para arquivos públicos e privados**: boas práticas. Curitiba: Imprensa da UFPR, 2016.

PORTUGAL. Arquivo Nacional Torre do Tombo. **Tribunal do Santo Ofício 1536/1821**: Conselho Geral do Santo Ofício 1569/1821: Ordens para a Inquisição de Goa – Inquirição de testemunhas sobre ordem do Conde de Alva para ser solto António Ribeiro e questão suscitada como inquisidor Manual Marques de Azevedo. Disponível em: <https://digitarq.arquivos.pt/details?id=4655180>. Acesso em:18 jun. 2020.

PROJETO que autoriza destruição de documentos físicos após digitalização segue para Câmara. **Senado Notícias**, 14 jun. 2017. Disponível em: <https://www12.senado.leg.br/noticias/audios/2017/06/projeto-que-autoriza-destruicao-dedocumentos-fisicos-apos-digitalizacao-segue-para-camara>. Acesso em: 18 jun. 2020.

RABELLO, S. **O tombamento**. Disponível em: <http://portal.iphan.gov.br/uploads/ckfinder/arquivos/Tombamento%20pdf(1).pdf>. Acesso em: 18 jun. 2020.

REIS, L. O arquivo e arquivística: evolução histórica. **Biblios**, Lima, v. 7, n. 24, abr./jun. 2006.

REZENDE, M. B. et al. Serviço do Patrimônio Histórico e Artístico Nacional (SPHAN). In: IPHAN – Instituto do Patrimônio Histórico e Artístico Nacional. **Dicionário IPHAN de Patrimônio Cultural**. Brasília: Iphan/DAF/Copedoc, 2015. Disponível em: <http://portal.iphan.gov.br/uploads/ckfinder/arquivos/Servi%C3%A7o%20do%20Patrim%C3%B4nio%20Hist%C3%B3rico%20e%20Art%C3%ADstico%20Nacional.pdf>. Acesso em: 18 jun. 2020.

RICOEUR, P. **A memória, a história e o esquecimento**. Campinas: Ed. da Unicamp, 2010.

RIO DE JANEIRO (Município). Arquivo Geral. **Obras premiadas no Concurso de Monografias da Cidade/Prêmio Afonso Carlos Marques dos Santos.** Disponível em: <http://www0.rio.rj.gov.br/arquivo/publicacoes-premios.html>. Acesso em: 18 jun. 2020.

RIO GRANDE DO SUL. Governo do Estado. Subchefia de Ética, Controle Público e Transparência da Secretaria da Casa Civil. Comissão Mista de Reavaliação de Informações. **Classificação de informações em grau de sigilo:** tutorial. 2. ed. Rio Grande do Sul, 2018.

ROCHA, C. de O. **Famílias Lirmann, Rocha, Lourenço de Ávila.** 14 jan. 2016. Disponível em: <http://claudecirrocha.blogspot.com/2016/01/familia-lirmann-da-rocha-e-familia.html>. Acesso em: 18 jun. 2020.

RODRIGUES, A. M. L. A teoria dos arquivos e a gestão dos documentos. **Perspectivas em Ciência da Informação**, Belo Horizonte, v. 11, n. 1, p. 102-117, jan./abr. 2006. Disponível em: <scielo.br/pdf/pci/v11n1/v11n1a09.pdf>. Acesso em: 18 jun. 2020.

RODRIGUES, G. M. **Arquivologia:** para os concursos de técnico e analista. 4. ed. Salvador: Juspodivm, 2016.

RONDINELLI, R. C. **Gerenciamento arquivístico de documentos eletrônicos:** uma abordagem teórica da diplomática arquivística contemporânea. 4. ed. Rio de Janeiro: Ed. da FGV, 2011.

SAHD, L. **Idosa que fez pior restauração do mundo em "Ecce Homo" quer direitos autorais da obra. Superinteressante**, 4 jul. 2018. Disponível em: <https://super.abril.com.br/blog/contando-ninguem-acredita/idosa-que-fez-pior-restauracao-do-mundo-em-8216-ecce-homo-8217-quer-direitos-autorais-da-obra>. Acesso em: 18 jun. 2020.

SAMARA, E. de M.; TUPY, I. S. S. T. **História & documento e metodologia da pesquisa**. 2. ed. Belo Horizonte: Autêntica, 2010.

SALOMON, M. **Arquivologia das correspondências**. Rio de Janeiro: Forense, 2010.

SAMPAIO, A. F. **Letras e memória**: uma breve história da escrita. Cotia: Ateliê, 2009.

SANTA ANNA, J.; CAMPOS, S. de O.; CALMON, M. A. de M. Diferenças e semelhanças entre arquivos e bibliotecas: o profissional da informação em evidência. **Biblos: Revista do Instituto de Ciências Humanas e da Informação**, v. 29, n. 1, p. 95-113, 2015. Disponível em: <https://periodicos.furg.br/biblos/article/view/4890/3552>. Acesso em: 18 jun. 2020.

SANTOS, A. P. L. dos; RODRIGUES, M. E. F. Biblioteconomia: gênese, história e fundamentos. **Revista Brasileira de Biblioteconomia e Documentação**, v. 9, n. 2, p. 116-131, jul./dez. 2013. Disponível em: <https://rbbd.febab.org.br/rbbd/article/view/248/264>. Acesso em: 18 jun. 2020.

SANTOS, H. M.; FLORES, D. Documento arquivístico digital: demanda, confiabilidade e preservação. **Revista Informatio**, v. 22, n. 2, p. 72-85, 2017.

SÃO PAULO (Estado). Arquivo Público. **Acervo**: Memória do Imigrante – Livros de registros da Hospedaria de Imigrantes. Disponível em: <http://www.arquivoestado.sp.gov.br/site/acervo/memoria_do_imigrante/pesquisa_livros_hospedaria>. Acesso em: 18 jun. 2020.

SFREDDO, J. A.; FLORES, D. Segurança da informação arquivística: o controle de acesso em arquivos públicos estaduais. **Perspectivas em Ciência da Informação**, v. 17, n. 2, p. 158-178, abr./jun. 2012. Disponível em: <http://www.scielo.br/pdf/pci/v17n2/a11v17n2.pdf>. Acesso em: 18 jun. 2020.

SILVA, A. M. **A informação:** da compreensão do fenômeno e construção do objecto científico. Porto: Afrontamento, 2006.

SOUZA, F. das C. de. A criação da ABEBD: expectativas e caminhos adotados. **Biblios**, Lima, ano 7, n. 25-26, jul./dez. 2006.

SOUZA, L. de M. e; NOVAIS, F. **História da vida privada no Brasil.** São Paulo: Companhia das Letras, 2020.

SPINELLI JUNIOR, J. **A conservação de acervos bibliográficos e documentais.** Rio de Janeiro: Fundação Biblioteca Nacional, 1997.

TRIBUNAL DO SANTO OFÍCIO. Conselho Geral. **Inquirição de testemunhas sobre ordem do Conde de Alva para ser solto António Ribeiro e questão suscitada como inquisidor Manual Marques de Azevedo.** 1757. Disponível em: <https://digitarq.arquivos.pt/viewer?id=4655180>. Acesso em: 18 jun. 2020.

UNESCO – United Nations Educational, Scientific and Cultural Organization. **Declaração Universal dos Direitos Humanos.** 10 dez. 1948. Disponível em: <http://unesdoc.unesco.org/images/0013/001394/139423por.pdf>. Acesso em: 18 jun. 2020.

UNESCO – United Nations Educational, Scientific and Cultural Organization. **Memory of the World.** Disponível em: <https://en.unesco.org/programme/mow>. Acesso em: 18 jun. 2020.

UNITED STATES OF AMERICA. National Archives Catalog. **President of Brazil Speaks to Soldiers.** Disponível em: <https://catalog.archives.gov/id/138926631>. Acesso em: 8 abr. 2020.

VAN GENNEP, A. **Os ritos de passagem.** Petrópolis: Vozes, 2011.

VERISSIMO, T. **Série SIGA:** documento digitalizado não pode ser eliminado. 15 abr. 2019. Disponível em: <http://www.arquivonacional.gov.br/br/ultimas-noticias/1632-serie-siga-documento-digitalizado-nao-pode-ser-eliminado>. Acesso em: 18 jun. 2020.

WEBER, M. Os fundamentos da organização burocrática: uma construção do tipo ideal. In: CAMPOS, E. (Org.). **Sociologia da burocracia**. Rio de Janeiro: Zahar, 1966. p. 15-28.

WESTPHALEN, C. M. Formas de interação entre arquivos estaduais e outras instituições culturais. **Revista Acervo**, Rio de Janeiro, v. 3, n. 2, p. 73-77, jul./dez. 1988.

XAVIER, A. C. S. **O hipertexto na sociedade da informação:** a constituição do modo de enunciação digital. 214 f. Tese (Doutorado em Linguística) – Universidade de Campinas, Campinas, 2002. Disponível em: <http://repositorio.unicamp.br/bitstream/REPOSIP/269080/1/Xavier_AntonioCarlosdosSantos_D.pdf>. Acesso em: 18 jun. 2020.

Bibliografia comentada

CASTRO, C. **Pesquisando em arquivos**. Rio de Janeiro: Zahar, 2008.

Trata-se de uma obra básica, de leitura fácil e rápida, que apresenta um breve panorama sobre o que é um arquivo e as possibilidades de trabalhar com os arquivos nas pesquisas das ciências humanas.

PEREIRA, E. C.; SILVA, S. F. da. **Gestão da informação arquivística para arquivos públicos e privados**: boas práticas. Curitiba: Imprensa da UFPR, 2016.

Com capítulos curtos e uma bibliografia específica, essa obra apresenta uma síntese dos principais aspectos da gestão da informação dos arquivos.

LUZ, C. **Primitivos digitais**: uma abordagem arquivística. Salvador: 9Bravos, 2015.

A realidade digital é um desafio para a questão da arquivística. Na esteira dessa afirmação, nesse livro Charlley Luz oferece, de maneira clara e direta, algumas direções possíveis para o enfrentamento da desconfiança de algumas instituições com relação ao ambiente virtual e à preservação dos arquivos.

SAMARA, E. de M.; TUPY, I. S. S. T. **História & documento e metodologia da pesquisa**. 2. ed. Belo Horizonte: Autêntica, 2010.

Trata-se de uma obra que procura destacar o trabalho do historiador com os documentos. A partir de um histórico da utilização dos documentos pelos pesquisadores, as autoras elaboram classificações e analisam as metodologias empregadas no uso dessas fontes pelos historiadores.

RONDINELLI, R. C. **Gerenciamento arquivístico de documentos eletrônicos**: uma abordagem teórica da diplomática arquivística contemporânea. 4. ed. Rio de Janeiro: Ed. da FGV, 2011.

Nessa obra, a autora discute os principais conceitos relacionados à gestão arquivística e ao impacto do trabalho nas instituições arquivísticas com a predominância dos documentos digitais. As transformações no trabalho com o arquivo a partir do uso das novas tecnologias são apresentadas de forma objetiva pela autora.

Respostas

Capítulo 1

Atividades de autoavaliação
1. c
2. b
3. b
4. b
5. a

Capítulo 2

Atividades de autoavaliação
1. d
2. b
3. a
4. b
5. a

Capítulo 3

Atividades de autoavaliação
1. b

2. d
3. a
4. c
5. b

Capítulo 4

Atividades de autoavaliação
1. c
2. c
3. d
4. a
5. c

Capítulo 5

Atividades de autoavaliação
1. a
2. c
3. c
4. c
5. d

Capítulo 6

Atividades de autoavaliação
1. c
2. c
3. b
4. c
5. b

Sobre a autora

Adriane Piovezan é licenciada e bacharel em História (1997), mestra em Estudos Literários (2006) e doutora em História (2014) pela Universidade Federal do Paraná (UFPR). É autora do livro *Morrer na guerra: a sociedade diante da morte em combate*, publicado em 2017 pela Editora CRV.

Os papéis utilizados neste livro, certificados por instituições ambientais competentes, são recicláveis, provenientes de fontes renováveis e, portanto, um meio responsável e natural de informação e conhecimento.

Impressão: Reproset
Julho/2023